1958 年 10 月中共中央总书记邓小平到梓潼视察

七曲山大庙全景

梓潼县城全景

七曲山大庙百尺楼

文昌出巡

文昌帝君阴骘文

五丁祠

送险亭

李业阙

唐明皇幸蜀闻铃处

文昌帝君阴骘文

帝君曰：吾一十七世为士大夫身，未尝虐民酷吏。救人之难，济人之急，悯人之孤，容人之过。广行阴骘，上格苍穹。人能如我存心，天必锡汝以福。于是训于人曰：昔于公治狱，大兴驷马之门；窦氏济人，高折五枝之桂。救蚁中状元之选，埋蛇享宰相之荣。欲广福田，须凭心地。行时时之方便，作种种之阴功。利物利人，修善修福。正直代天行化，慈祥为国救民。忠主孝亲，敬兄信友。或奉真朝斗，或拜佛念经。报答四恩，广行三教。济急如济涸辙之鱼，救危如救密罗之雀。矜孤恤寡，敬老怜贫。措衣食周道路之饥寒，施棺椁免尸骸之暴露。家富提携亲戚，岁饥赈济邻朋。斗秤须要公平，不可轻出重入。奴婢待之宽恕，岂宜备责苛求。印造经文，创修寺院。施药材以拯疾苦，施茶水以解渴烦。

司马相如读书石室

清贞孝节烈总坊

千佛岩摩崖唐代造像

张献忠家庙

魁星点斗

文昌祭祀

文昌洞经古乐（国家非物质文化遗产）

大新花灯（四川省非物质文化遗产）

马鸣阳戏（四川省非物质文化遗产）

文昌圣像

梓潼博物馆

1983年5月时任国防部部长张爱萍在梓潼

邓稼先旧居

中国工程物理研究院院部办公楼旧址

古广汉郡遗址考古发现（2013）

"十二五"国家重点图书出版规划项目

社会系列

梓潼史话

A Brief History of Zitong

梓潼县地方志办公室 编著

社会科学文献出版社
SOCIAL SCIENCES ACADEMIC PRESS (CHINA)

《梓潼史话》主要编撰者

主　　编　周建军

副 主 编　颜　友（总纂）

撰　　稿　陈友学　裴盛厚　敬永金　周朝海
　　　　　尹安国　刘　文　吴小龙　王先顺

总　序

　　中国是一个有着悠久文化历史的古老国度，从传说中的三皇五帝到中华人民共和国的建立，生活在这片土地上的人们从来都没有停止过探寻、创造的脚步。长沙马王堆出土的轻若烟雾、薄如蝉翼的素纱衣向世人昭示着古人在丝绸纺织、制作方面所达到的高度；敦煌莫高窟近五百个洞窟中的两千多尊彩塑雕像和大量的彩绘壁画又向世人显示了古人在雕塑和绘画方面所取得的成绩；还有青铜器、唐三彩、园林建筑、宫殿建筑，以及书法、诗歌、茶道、中医等物质与非物质文化遗产，它们无不向世人展示了中华五千年文化的灿烂与辉煌，展示了中国这一古老国度的魅力与绚烂。这是一份宝贵的遗产，值得我们每一位炎黄子孙珍视。

　　历史不会永远眷顾任何一个民族或一个国家，当世界进入近代之时，曾经一千多年雄踞世界发展高峰的古老中国，从巅峰跌落。1840 年鸦片战争的炮声打破了清帝国"天朝上国"的迷梦，从此中国沦为被列强宰割的羔羊。一个个不平等条约的签订，不仅使中国大量的白银外流，更使中国的领土一步步被列强侵占，国库亏空，民不聊生。东方古国曾经拥有的辉煌，也随着西方列强坚船利炮的轰击而烟消云散，中国一步步堕入了半殖民地的深渊。不甘屈服的中国人民也由此开始了救国救民、富国图强的抗争之路。从洋务运动到维新变法，从太平天国到辛亥革命，从五四运动到中国共产党领导的新民主主义革命，中国人民屡败屡战，终于认识到了"只有社会主义才能救中国，只有社会主义才能发展中国"这一道理。中国共产党领导中国人民推倒三座大山，建立了新中国，从此饱受屈辱与蹂躏的中国人民站起来了。古老的中国焕发出新的生机与活力，摆脱了任人宰割与欺侮的历史，屹立于世界民族之林。每一位中华儿女应当了解中华民族数千年的文明史，也应当牢记鸦片战争以来一百多年民族屈辱的历史。

当我们步入全球化大潮的21世纪，信息技术革命迅猛发展，地区之间的交流壁垒被互联网之类的新兴交流工具所打破，世界的多元性展示在世人面前。世界上任何一个区域都不可避免地存在着两种以上文化的交汇与碰撞，但不可否认的是，近些年来，随着市场经济的大潮，西方文化扑面而来，有些人唯西方为时尚，把民族的传统丢在一边。大批年轻人甚至比西方人还热衷于圣

诞节、情人节与洋快餐，对我国各民族的重大节日以及
中国历史的基本知识却茫然无知，这是中华民族实现复
兴大业中的重大忧患。

中国之所以为中国，中华民族之所以历数千年而不分
离，根基就在于五千年来一脉相传的中华文明。如果丢弃
了千百年来一脉相承的文化，任凭外来文化随意浸染，很
难设想 13 亿中国人到哪里去寻找民族向心力和凝聚力。
在推进社会主义现代化、实现民族复兴的伟大事业中，大
力弘扬优秀的中华民族文化和民族精神，弘扬中华文化的
爱国主义传统和民族自尊意识，在建设中国特色社会主义
的进程中，构建具有中国特色的文化价值体系，光大中华
民族的优秀传统文化是一件任重而道远的事业。

当前，我国进入了经济体制深刻变革、社会结构深
刻变动、利益格局深刻调整、思想观念深刻变化的新的
历史时期。面对新的历史任务和来自各方的新挑战，全
党和全国人民都需要学习和把握社会主义核心价值体
系，进一步形成全社会共同的理想信念和道德规范，打
牢全党全国各族人民团结奋斗的思想道德基础，形成全
民族奋发向上的精神力量，这是我们建设社会主义和谐
社会的思想保证。中国社会科学院作为国家社会科学研
究的机构，有责任为此作出贡献。我们在编写出版《中
华文明史话》与《百年中国史话》的基础上，组织院内
外各研究领域的专家，融合近年来的最新研究，编辑出

版大型历史知识系列丛书——《中国史话》，其目的就在于为广大人民群众尤其是青少年提供一套较为完整、准确地介绍中国历史和传统文化的普及类系列丛书，从而使生活在信息时代的人们尤其是青少年能够了解自己祖先的历史，在东西南北文化的交流中由知己到知彼，善于取人之长补己之短，在中国与世界各国愈来愈深的文化交融中，保持自己的本色与特色，将中华民族自强不息、厚德载物的精神永远发扬下去。

《中国史话》系列丛书首批计200种，每种10万字左右，主要从政治、经济、文化、军事、哲学、艺术、科技、饮食、服饰、交通、建筑等各个方面介绍了从古至今数千年来中华文明发展和变迁的历史。这些历史不仅展现了中华五千年文化的辉煌，展现了先民的智慧与创造精神，而且展现了中国人民的不屈与抗争精神。我们衷心地希望这套普及历史知识的丛书对广大人民群众进一步了解中华民族的优秀文化传统，增强民族自尊心和自豪感发挥应有的作用，鼓舞广大人民群众特别是新一代的劳动者和建设者在建设中国特色社会主义的道路上不断阔步前进，为我们祖国美好的未来贡献更大的力量。

陈奎元

2011 年 4 月

出版说明

　　自古至今，始终坚持不懈地从漫长的文明进程中不断总结历史经验教训，从中汲取有益营养，从而培植广阔的历史视野，并具有浓厚的历史意识，这是我们中国文化独有的鲜明特征，中华民族亦因此而以悠久的"重史"传统著称于世。在整个人类文明史上独一无二、系统完备的"二十四史"即证明了这一点。

　　中华人民共和国成立后，历史知识普及工作被放到十分重要的位置。20世纪五六十年代，著名历史学家吴晗主持编写的《中国历史小丛书》，90年代中国社会科学院院长胡绳组织编写的《中华文明史话》和《百年中国史话》，成为"大家小书"的典范，而后两套历史知识普及丛书正是《中国史话》之缘起。

　　2010年年初，为切实贯彻中央关于"做好历史知识普及工作"的指示精神，同时也为了更好地弘扬中国传统文化，我们对《中华文明史话》和《百年中国史话》

两套丛书的内容进行了修订和增补，重新设计框架，以"中国史话"为丛书名出版。第十一届全国政协副主席、时任中国社会科学院院长陈奎元亲任《中国史话》一期编委会主任，时任中国社会科学院副院长武寅任编委会副主任。正是有了各级领导的关心支持和诸多学术名家的积极参与，《中国史话》一期200种图书得以顺利出版，并广受好评。

《中国史话》丛书的诞生，为历史知识普及传播途径的发展成熟，提供了一种卓具新意的形式。这种形式具有以通俗表述、适中篇幅和专题形式展现可靠历史知识的特征。通俗、可靠、适中、专题，是史话作品缺一不可的要素，也是区别于其他所有研究专著、稗官野史、小说演义类历史读物的独有特征。

囿于当时条件，《中国史话》一期的出版形式不尽如人意，其内容更有可以拓展的广阔空间，为此2013年4月我们启动了《中国史话》二期出版工作。《中国史话》二期分为经济、政治、文化、社会和生态五大系列，拟对中国各区域、各行业、各民族等的发展历史予以全方位介绍。我们并将在适当时机，启动《世界史话》的出版工作。史话总规模将达数千种。

我们愿携手海内外专家学者，将《中国史话》《世界史话》打造成以现代意识展现全部人类历史和人类文明，集学术性、知识性、趣味性于一体的"万有文

库"；并将承载如此丰厚内容的史话体写作与出版努力
锻造成新时期独具特色的出版形态。

希望史话丛书能在形塑民族历史记忆、汲取人类文
明精华、培育现代国民方面有所贡献，并为广大读者所
喜爱。

史话编辑部

2014 年 6 月

目录
Contents

序

　　梓潼，自秦昭襄王二十二年（前285）始置县至今近2300年，见证了中国政治沉浮、经济变迁、文化蓄积和社会发展进程。

　　自古以来，勤劳智慧的梓潼人民在这里繁衍生息，历经朝代更替、社会变迁，为人类文明做出了重要的贡献。古战略要地、金牛古道起点、蜀北锁钥，这独特的地理位置，成就了梓潼独特的历史文化。梓潼之名，自置县以来沿用至今，全国少有；融儒、释、道为一体的文昌文化，享誉海内外；七曲山九曲水、国家级森林公园、卧龙山唐代摩崖石刻、中国"两弹城"旧址等众多的自然人文景观，让人流连忘返；绵阳市丘区经济建设示范县、四川省文明县城、国家水稻制种基地县、全国食品工业强县等荣誉，令人刮目相看。

　　梓潼文化与博大精深的中国传统文化一脉相承。《梓潼史话》记录和传承中华古县悠久历史文化，为广大人民群众和社会各界全面了解梓潼、领略千年古县独特魅力提供了一个重要的认知平台，为从事社会科学研究的专家学者提供了一些研究古县文化遗产的珍贵史料。

《梓潼史话》的出版，可喜可贺。值此，我谨代表中共梓潼县委、梓潼县人民政府和 38 万梓潼人民，向付出辛勤劳动的全体编纂人员致以崇高的敬意，向《中国史话》编辑委员会的专家学者们表示衷心的感谢！

中共梓潼县委书记

鄢若力

一　梓林潼水溯变迁

1　县情概览

位置

梓潼县位于四川盆地西北部丘陵向低山过渡地带，处于北纬$31°25'57''$~$31°54'43''$、东经$104°57'16''$~$105°27'35''$，与江油市、剑阁县、南部县、盐亭县、三台县、游仙区等毗连。县境南北长约52.5千米，东西宽约35千米，面积1442.32平方千米。西北紧依龙门、剑门山区，东南紧连盐亭、三台及游仙区丘陵地带。以县城为起点，沿国道108线（京昆公路）东北方向至首都北京1732千米，西南至省会成都168千米。因县境地处"秦蜀要冲"，自古被称为北控剑门，南扼涪江的"蜀北锁钥"。

地貌

梓潼县境地势呈东北高、西南低，由东北部海拔700米以上的高丘、低山区，向西南倾至海拔600米以下的中、浅丘陵区。最高点为马迎乡境内海拔 911.6 米的旺瓢山；最低点为交泰乡潼江流出县境处海拔 413 米的三江口。

气候

梓潼位于中国东部季风气候区，属中亚热带湿润季风气候。年均降水量 1000 毫米左右，气候温和，日照充足，四季分明。春早、夏长、秋短、冬暖。

水文

境内有大小河流 9 条，除大新乡一条小河流入嘉陵江支流西河（小潼水）外，其余河流全为嘉陵江支流涪江水系。流域面积较大的河流有四条：潼江、赤溪河、马鸣河、宝石河。潼江是县境内的一条主要河流，由西北流向东南，纵贯全境。它发源于江油境内的龙门山东坡；其余河流都发源于境内外的北部丘陵。

动植物

境内有裸子植物 7 科 15 属、被子植物 63 科 110 属，共 350 余种。境内有规模种植的梨、枣、桃、李子、柑橘、柚子、葡萄等果园 20 余处。

梓潼境内靠森林生态环境生存的大型动物已灭绝，只有少数中、小型动物尚有余存，它们以鼬科和鼠类为主，以草兔、野鸡、狐狸、獾为次，并有水獭、黄鹿等哺乳动物。鸟纲以白鹭、斑鸠、家燕、杜鹃、麻雀、白头翁鸟、八哥等居多。爬行纲主要是蛇、鳖、龟、壁虎。两栖纲主要有田蛙、蟾蜍。鱼纲主要有鲫鱼、鲤鱼、鲢鱼、鳜鱼、青波鱼、黄鳝、青鳝、泥鳅等。昆虫种类多，数量大，分布广。饲养畜禽类主要有猪、牛、羊、鸡、鸭、鹅等。

矿藏

梓潼县境内广泛存在含油砂岩层，四川石油局川西北矿区已在观义镇老关庙钻井 9 口，在三泉乡、二洞乡、文兴乡钻井 10 口，其年产天然气 1000 万立方米，现已并入国家气网。

行政区域

截至 2013 年年底，辖区西起卧龙镇响水村，东至大新乡猕江寺，南起交泰三江口，北至仙峰乡东方红大桥，南北最大距离 52.5 千米。梓潼县辖文昌镇、长卿镇、许州镇、黎雅镇、白云镇、卧龙镇、观义镇、玛瑙镇、石牛镇、自强镇、仁和镇、东石乡、三泉乡、宏仁乡、小垭乡、演武乡、仙峰乡、双板乡、豢龙乡、双峰乡、交泰乡、金龙场乡、石台乡、仙鹅乡、马鸣乡、马迎乡、二洞乡、建兴乡、宝石乡、定远乡、大新乡、文兴乡，共 11 个镇、21 个乡，1 个经济开发区。梓潼县共有 20 个城镇社区居委会和 329 个村民委员会。

人口状况

截至 2013 年年底，辖区总人口 38.42 万人，其中非农业人口 3.2 万人，城镇常住人口 6.53 万人，另有流动人口 5954 人。在总人口中，男性 19.81 万人，占 51.6%；女性 18.61 万人，占 48.4%。梓潼人口以汉族为主，另有回族、羌族、藏族、彝族、苗族等 24 个少数民族，共 1420 人。

2　建置沿革

上古时期，梓潼为羌人部落国。

春秋战国时期，梓潼为蜀国领地。

秦惠文王更元九年（前316）秋，惠文王派遣张仪、司马错、都尉墨攻打蜀国。蜀军大败，蜀王被杀，蜀王子率残部南逃，蜀国灭亡。梓潼并入秦国版图。

秦昭襄王二十二年（前285），秦王朝开始在蜀地实行郡县制，置蜀郡，划蜀地为三十一县。梓潼县始置，隶属秦国蜀郡。

汉承秦制，仍然实行郡县制。高祖六年（前201），分割巴郡、蜀郡之地，于"扼控三巴，益州矜领"的梓潼神乡（今梓潼县文昌镇）置广汉郡，史称"分巴割蜀以置广汉郡"。

东汉建安十九年（214）刘备入成都，建安二十二年（217）分广汉郡之地置梓潼郡，分辖梓潼、剑阁、汉德（今剑阁汉阳镇）、涪县（今绵阳）、汉寿（今广元昭化）、昭欢（今广元沙河镇）、白水（今青川）等县。

唐太宗贞观年间，四川被划分为剑南、山南、江南三道。梓潼、阴平二县皆隶属于剑南道（道治，今成都市）剑州（州治，今剑阁县）。唐玄宗天宝元年（742），州又改为郡，梓潼、阴平二县皆隶属于剑南道剑州普安郡（郡治，今剑阁县普安镇）。肃宗乾元元年（758），郡改为州，梓潼、阴平二县皆隶属剑南道剑州（东川节度使治，今三台县）。

北宋时期，改隋唐以来州、县二级制为路、州、县三级制。剑南东西两川合并，设西川路。梓潼、阴平二县皆隶属于西川路剑州普安郡。

元初，撤销因战乱而荒芜的阴平县，其辖地百顷坝（今许州镇）、长平（今江油文胜、重华、马角坝、二郎庙、厚坝等地）、全门（今江油雁门坝）等地并入梓潼县。元至正二十一年（1361），农民起义军红巾军南路领袖明玉珍率军从武昌出发，经长江入蜀，占领全川，建国"大夏"。梓潼县仍置，隶属保宁府（府治，今阆中市）剑州。

明洪武四年（1371），实行府、州、县三级行政管理制。撤销普安县（县治，今剑阁县普安镇），其辖地并入梓潼县。明末，崇祯十年（1637），农民起义领袖李自成率军入川，攻占梓潼，置梓潼县，当年退出。崇祯十七年（1644），农民起义领袖张献忠率军入蜀，攻占梓潼后，置梓潼县，隶属大西保宁府剑州。

清朝时期，实行道、府州、厅县三级制，以道辖府州，以府州辖厅县。梓潼县隶属川北道保宁府剑州。雍正五年（1727），绵州从成都府划出，升为直隶州，将梓潼县从保宁府划出，入隶绵州。

1912年元旦，孙中山就任临时大总统，宣告中华民国成立。梓潼县隶属川西道（后更名为西川道）。

1935年3月，中国工农红军第四方面军分批进入梓潼，下旬，在梓潼第七区重华场（1953年划属江油）建立重华县苏维埃政府；4月初，在梓潼第五区复兴场（今许州镇）建立百顷坝县苏维埃政府；4月中旬，红四军十二师在梓潼县城建立梓潼县苏维埃政府。5月，红军分批撤离梓潼。梓潼县隶属十三行政督察区。

1949 年 12 月 20 日梓潼县解放，梓潼县隶属川西北临时军政委员会绵阳专区。1950 年 3 月，梓潼县隶属川西行署绵阳专区。

1952 年，梓潼县隶属四川省绵阳专区。

1968 年，绵阳专区改制为绵阳地区，1985 年 2 月，国务院又批准将绵阳地区改制为省辖市。梓潼县先后隶属绵阳地区和绵阳市。

3 县名由来

梓潼县县名的由来，一般被认为与梓潼县的梓树和潼江有关。南宋王象之的《太平寰宇记》中说："因县域东倚梓林，西枕潼水，而名梓潼焉。"

关于县名的由来，有一个传说故事。大约在夏商时代，梓潼境内有一座高山，名叫尼（泥）陈山（即现在的七曲山）。传说是大禹治水疏理潼江河道时，将堵塞河道的泥土运往这里堆放，渐渐垒成了一座山。山上长满了梓树，此树正是造船的好材料。于是大禹就命令木匠上山砍伐梓树用于造船。木匠们砍呀砍，梓树始终不倒，大家以为尼陈山上的梓树是童子所化，不敢继续砍伐。从此，尼陈山改作梓童山，后因山下有潼江，故又改作梓潼山。秦于此置县，并以此而命县名。

梓树　　　　　　　　潼江

4　文化思想渊源

原始崇拜

远古时期，羌人东迁至此，建梓潼部落国，后被蜀国兼并，蜀国后被秦国"统一"。从此，梓潼羌人逐渐融入华夏民族。历经千年变迁，梓潼先民把对祖先的崇拜逐渐演化为对共同祖先、部落国国王恶子（又名亚子，后与宗教结合，被追奉为"司禄命"的文昌神）的祭祀崇拜。

先民们认为"龙"是吉祥的化身和权威的象征。潼江沿岸有许多以"龙"命名的地方，如金龙、篆龙、双龙、青龙、石龙、龙背、龙口等，每一个以龙命名的地方，都有一个传说故事，这些传说故事都与张亚子的身世相关，并流传至今，如张亚子身世、张亚子借水淹许州等。

道教思想

东汉顺帝时期（126～144），正一道张天师到梓潼兜鍪山（俗称大帽山）传教，在梓潼广收道徒，为首者曰"鬼吏"，兜鍪山鬼吏名叫"二九"，他年年都要设道场做法事。之后，道观遍布全县。道教观点：最大的罪过或恶事莫过于"不忠不孝"和"横夺他人财物"。犯此"罪过"和"恶事"者，就要"夺纪"，"夺纪"就减少寿命。

在道教思想传播过程中，洞经音乐无疑起着推波助澜的作用。洞经音乐是谈演道教《太上无极总真文昌大洞仙经》，即以音乐的形式宣传文昌经诰。无论是官祭还是民祭，用音乐（包括打击乐、说唱）祭神都趋于规模化，并对祭祀等级都有明确规定。

佛教思想

在梓潼，佛教传播始于南北朝时期。《舆地纪胜》记载："梓潼县西卧龙山有景福院，碑载大同元年（535）建。"之后，佛教寺院在全县广为分布。佛教寺院主要传播"四谛"学说，要求信众看破、放下，一心念佛，积善修德，早日解脱，早登彼岸，离苦得乐。其主要清规有十戒。

自唐太宗贞观九年（635）起，卧龙山景福院开始有佛事活动，后观石堂院、长卿山永昌院、玛瑙寺、天封寺、龙江寺、青龙寺等相继有佛事活动。清乾隆年间，七曲山大庙也开始有佛事活动。据1947年统计，全县有佛教寺庙63所，僧尼164人。20世纪80年代后，县里有少数佛教信徒前往外地受戒，一些寺庙由民间集资修复，并恢复了佛事活动。如今，全县有对外开放的佛教寺庙6所，卧龙佛龛寺、长卿山西岩寺、天封寺每日均有人诵经念佛，信众多为中老年妇女。

文昌思想

从宋代（960～1279）开始，逐渐形成的文昌经籍约有200余万言。纵观全部经籍，其莫不贯穿"善"的观念，从怎么施善、善与仁义礼智信以及忠孝的关系、如何积善立德等方面展开论述。即要"利人利物济世"，为人处世要存平等心，要救人之难，济人之急，悯人之孤，容人之过，饶人责己，举善荐贤，勿慢师长，谈道义而化奸顽，讲经史而晓愚昧，舍药材以拯疾苦，施茶水以解渴烦。文昌祖庭在梓潼，故文昌思想深受梓潼人民欢迎，流传十分广泛。

以民间对文昌帝君崇拜为表征的文昌文化，蕴含多种文化因子，经过在民间漫长历史时期的吸纳、综合、演变，在梓潼形成了独特的文化现象。经过转化和重铸，文昌帝君备受人们的敬仰和崇拜，特别是在实行科举制度的时代。民间关于文昌帝君神性和神力的描述很多，并赋予了文昌帝君"上主三十三仙籍，中主人间寿夭祸福，下主十八地狱轮回"的地位。

文昌帝君塑像

二 史海钩沉话沧桑

1 羌人东迁与梓潼部落国的兴衰

很久以前，羌人从青藏高原（今四川阿坝、甘孜两州，甘肃南部及青海和西藏相连的高原地域）出发，有的向西发展，进入西藏谷地；有的向南发展，进入云南、贵州谷地；有的向东北发展，进入中原；还有一部分人沿岷江、涪江及白龙江河谷进入四川盆地。进入四川盆地的羌人有数支，沿岷江河谷进入四川盆地的被称为蜀山氏；沿涪江及南坪白龙江、黑水河谷进入盆地和甘南谷地的，有氏羌、白马羌、梓潼羌诸系。羌人猎食东进时，首先就发现梓潼这一片可耕之地，一部分人留下来开荒种地，逐渐定居下来，继而形成梓潼部落国（任乃强：《四川上古史新探》，四川人民出版社，1982）。

梓潼部落国辖地宽广，东抵嘉陵江，西至成都平原。族大人众，视蛇为神灵，以蛇为图腾。国王恶子用神道来管理族众，用木板画上符号，名曰"善板"，用它记录族人的功过是非，为善多者，将得到"福寿康宁"的善报；为恶多者，将得到"雷"的惩处。族人在七曲山建"善板祠"，供奉国王灵位和族人功过木牌。后来被族众奉为神灵的国王通称"梓潼神"。

传说公元前600年，时任蜀王不孝敬父母，梓潼国王便率领部族去教训蜀王，却遭到蜀军伏击，只好率残兵逃亡，他们沿盆地边缘，由石门沟翻过梅子垭，躲进亮白岩后山。蜀军循迹追来。梓潼国王又急忙离开后山，从善登岩北沟逃出来，顺云河南逃，躲进铁旗山，蜀军又追到铁旗山，从马蹄岗开始搜寻，搜了三天三夜也没找到。于是，他们问八哥，八哥因感激梓潼国王曾给它们喂过食物，便回答说："没看见！没看见！"他们又问乌鸦，乌鸦因忌恨梓潼国王曾驱撵它们啄食枇杷，便大声说："草弄弄里，草弄弄里"。蜀军顺着乌鸦所示方位，很快抓住了梓潼国王。梓潼羌人因此记恨乌鸦，说它是"不祥之鸟"，见之就驱撵、咒骂它（这一习俗流传至今）。蜀军占领梓潼国后，就在抓住梓潼国王的地方修了一座庙宇，叫"逮皇庙"，以示庆贺。蜀王征服梓潼国、郪国（古郪国在今三台东南）后，自以为功高德重，于是"七国称王，杜宇（蜀王）称帝，号望帝"。从此，蜀国北部的国界也扩充至"乃以褒斜为前门"的褒斜谷地〔褒斜是秦岭谷地，北口在郿县（今作眉县，在陕西）西南，南口在褒城县北，曾为梓潼部落国的北部边界，自此成了蜀国的北部"前门"〕。

梓潼部落国的百姓非常怀念国王，于是，他们用楠木雕刻成国王的形象，把国王在世时的衣帽穿戴在塑像上，并在"善板祠"将其供奉起来。每逢重要节日，他们就抬上国王塑像，扛上彩旗经幡，周游全境，并到每家每户拜访。后来，这种形式被渐渐神圣化，演绎成"出行、扫荡、迎神"等民俗活动。每逢春节，梓潼及周边各县城乡居民抬上当地"梓潼神"的神像，幡旗招展，锣鼓喧天，到每家每户去拜年并"扫除瘟疫"，祈求"风调雨顺，五谷丰登"。

2 广汉郡治梓潼

西汉高祖五年（前202），朝廷派兵平定巴蜀，承袭秦制，实行郡县制。汉高祖六年（前201），分巴郡，割蜀郡部分领地新设置广汉郡（史称"分巴割蜀以置广汉郡"），管辖梓潼、雒县（今广汉市）、新都、绵竹（今德阳黄许镇）、什邡、白水（今青川白水坝）、葭萌（今广元昭化镇）、涪县（今绵阳）、广汉（今射洪县）、郪县（今三台县）、阴平道（今甘肃文县）、甸氐道（今南坪）、刚氐道（今平武）十三县、道，并将广汉郡治设在梓潼县。

东汉建安十九年（214），刘备入主成都之后，论功行赏，奖励有功之臣，并于建安二十二年（217）从原广汉郡中分出梓潼、汉德、昭欢、汉寿、白水、涪县、剑阁七县作为新设立的梓潼郡的辖地，郡治设在梓潼县，有功之臣霍峻被任命为梓潼郡太守。从此之后，原广汉郡分割为广汉郡和梓潼郡。

魏灭蜀后，将蜀国分为梁、益二州，梓潼郡隶属于魏国梁州（州治，今汉中市），仍然管辖蜀汉时期所属的七县。清乾隆《梓潼县志》载：“汉置梓潼县，寻为广汉郡治，王莽改县曰‘子同’，郡曰‘就都’，至东汉初复故，寻以郡治雒，晋初因亡，孝武帝又移郡治涪，梓潼属焉。”

广汉郡从西汉建置到北周废除，历经七百余年，其治所几经迁移。《中国古今地名大辞典》记载：“广汉郡，汉置，治梓潼县，今四川梓潼县。后汉徙治雒，即今四川广汉县。晋徙广汉郡治广汉，在今遂宁县东北。寻还后汉旧制，北周废。”广汉郡因曾数易其地，因此在政区建制时，往往容易造成混淆。清嘉庆《四川通志》为杜绝混淆，专写《辩伪》一文附于卷尾，涉及梓潼的有两处：①《汉志》广汉郡，“县十三，治梓潼，而涪、广汉、郪隶焉”。《后汉志》广汉郡，“县十一，治雒，而涪、郪、广汉、德阳隶焉”。《舆地·沿革卷》也有记载：“梓潼县，为广汉郡治，后汉移郡治雒县。”②梓潼郡、潼川郡，隋以前治梓潼，隋以后治梓州（今三台县城）。

3　唐明皇“幸蜀”夜宿上亭铺

“谁闻铃响似三郎，玉辇曾经古驿旁。千古伤心黄土尽，开元遗事最凄凉。”这首诗引出一段凄美的传奇故事。

唐天宝年间，唐玄宗李隆基宠爱杨贵妃，不理政事，致朝政腐败，危机四伏。天宝十四载（755）十一月初九，安禄山从范阳起兵，长驱直入，攻占东都洛阳。天宝十五载（756）正月初一，安禄山在洛阳称“大燕皇帝”，改元“圣武”，史称“安史之乱"。唐玄宗于六月十三日凌晨逃离长安，行至马嵬坡（今陕西兴平市西北23里），将士饥疲，六军不发，龙武大将军陈玄礼请杀杨国忠父子和杨贵妃。杨国忠被乱刀砍死，玄宗无奈，只好命令高力士缢死杨贵妃，之后，玄宗随众仓皇逃往蜀地。

天宝十五载（756）七月十七日，唐玄宗一行到了梓潼七曲山的上亭驿，见有驿铺公馆，庙宇殿堂，秀丽玲珑，暂且住下。他们南逃西蜀，一路风尘，人困马乏。玄宗伫立驿馆前，眺望夜色下的苍山，触景生情，悲愤不已，伏卧床榻，辗转反侧，难以入眠：禄山兵变，长安陷落，马嵬兵变，贵妃殒命，蜀道崎岖，剑门险峻……不觉泪如泉涌。恍惚间，贵妃翩然至床前，呼唤着自己的乳名："三郎，三郎……"亲昵如酥，令人心碎。

古上亭驿（郎当驿），位于今梓潼县演武乡境内，县城以北40里。清光绪二十年（1894），为纪念这段历史，时人在蜀道（今108国道）旁，专门立了一块石碑，其上阴刻"唐明皇幸蜀闻铃处"。石碑高2.6米、宽0.86米、厚1.5米，碑座为一只石雕"赑屃"（音 bì xì，传说中的一种像龟一样的动物）。1985年6月，古上亭驿被梓潼县人民政府公布为文物保护单位。

4 张献忠梓潼认家庙

在梓潼七曲山大庙风洞楼上，现存有全国唯一一处明末农民起义领袖张献忠祠庙——张献忠家庙。

张献忠家庙

张献忠（1606~1647），陕西延安府定边县人，明崇祯三年（1630），在陕西米脂县率众起义。崇祯十三年（1640），他率军进入四川，在成都建立"大西国"，改元"大顺"。其间，他曾三次到梓潼。

　　崇祯十年（1637）十月，张献忠与李自成、罗汝才三支农民起义军从陕西棋盘关进入西川，路过广元、昭化、剑州，攻下梓潼，擒斩了梓潼县令，在梓潼县城设立义军总营。四川总兵侯良柱闻讯后，急率川军两万余众，前去进剿。张献忠与李自成、罗汝才等商议后，决定敞开城门，诱敌深入。义军佯装败退，诱敌至百顷坝（今许州镇）后，伏兵四起，斩杀川军总兵侯良柱，川军溃不成军，义军乘胜夺回梓潼。之后，义军兵分三路向成都进击。

　　崇祯十三年（1640）一月，张献忠为了摆脱大学士杨嗣昌在湖广的"四面合剿"战略，进入四川大昌（今巫山）、石柱等县。杨嗣昌见张献忠西奔入蜀，奏请朝廷后，又定下了"逼贼入蜀，歼于蜀中"的战略。杨嗣昌亲督将领左良玉等率领二十万大军从湖广尾追入蜀。张献忠采取"避实就虚，以走剿敌"的战术，在川东太平县（今万源市）甩开明军左良玉、郑崇俭、李国奇的合围，飞军直奔川北，又避开驻有重兵的阆中和绵州，乘虚经射洪、盐亭进入梓潼，缚杀了梓潼知县郝孔彰。驻防绵州的孟如虎和驻防阆中的张应元闻知后，便从东西两面向梓潼合围。张献忠采取"藏精敛锐，沿山设伏"的计谋，在城北七曲山、上亭铺、演武铺一线，痛击了张应元所率之楚军，生擒叛将"扫地王"张一川，《明史纪事本末》称："梓潼一战，累骨如山，十三省大军丧殁殆尽"。

　　崇祯十七年（1644）四月，李自成取得中原大捷后，兵临北京，派遣部将高一功、马科、贺珍等率军南下，经营川陕。当年六月，张献忠放弃已占领数月的长江中游重镇武昌，率领三十万大军，集聚万余只木船，高树"只杀贪官，不犯顺民"旗帜，挥军入川，六月占重庆，八月取成都。张献忠见李自成遣将占据了川北，于心不安，对谋士汪兆麟说："今李瞎子（李自成）坐了北京，天下大势他据了一大半，除了咱，谁是他的对手？"他先是派遣虎威将军张能奇（张献忠养子）与马科在绵州桃子园大战，张能奇战败。随后，张献忠亲自率军反攻，连克绵州、梓潼、剑阁、阆中、昭化，逼使马科退出川境。张献忠率得胜之师返回成都，途经梓潼七曲山，入灵应祠拜谒文昌神。张献忠仰望文昌神像说："你姓张，咱也姓张，乃吾祖也，吾祖助我。"张献忠与张亚子（文昌）联宗后，自称是文昌后裔，随即下令在此筹建太庙，并封文昌为"始祖高皇帝"。

有史料记载，张献忠入蜀后，"城市祠庙焚毁无遗，唯于梓潼七曲山张亚子庙，盛有增饰"。张献忠在大庙与文昌张亚子联祖认宗，将大庙认作他的家庙，改称为"太庙"。之后，在历次战乱中，梓潼七曲山大庙不仅没有被毁坏，反而得到保护修缮。

1987年，"全国明末农民战争史学术研讨会——纪念张献忠逝世340周年"大会在梓潼七曲山召开时，恢复建立了张献忠纪念馆，纪念馆分文物史料陈列馆和张献忠家庙两部分。

5 梓潼的军阀战事

自武昌起义（1911年10月）后，割据四川的各路军阀为争权夺利混战不已，硝烟四起，生灵涂炭。身处四川腹地的梓潼也未能幸免于难。

1917 年，驻防绵阳的四川督军刘存厚第三师所属钟光普团，到梓潼（驻老南街周家祠堂）插旗招兵，驻防成都的四川陆军第四师的吴光熙团也到梓潼（驻崇文街的文昌宫和薛家祠堂）插旗招兵。在招兵买马过程中两团发生冲突，钟光普团调兵将吴光熙团包围起来，展开巷战，又用燃烧弹将吴光熙团部驻地薛家祠堂炸毁。双方持续激战，互有损伤，而且伤及无辜百姓。梓潼士绅出面调解，请求双方停战和解。结果由地方上拿出银圆一千块作为吴光熙团的"开拔费"，"恭请"吴团离开梓潼。

1918 年 1 月，重庆镇守使熊克武响应孙中山第二次北伐的号召，联合滇黔军，组成川滇黔靖国军，推举云南督军唐继尧为川滇黔靖国军总司令。熊克武为四川靖国各军总司令，率军向成都进发，讨伐依附北洋军阀政府的四川督军刘存厚。1919 年年初，刘存厚为应对靖国军的进攻，急调驻防南充的二师吴震旅移兵梓潼。2 月 2 日，四川靖国军前敌指挥龙占魁率领两个团的兵力攻打梓潼，吴震旅败走剑阁。4 月 24 日，吴震旅卷土重来，从剑阁南下攻打梓潼，与靖国军激战一天，靖国军败走三台。靖国军的增援部队立即从盐亭进军攻打梓潼，与吴震旅在兜鍪山（县城东）一线激战两小时，吴震旅再次败走剑阁。5 月 9 日，刘存厚军的张鹏舞旅攻打绵阳失败，转而北上进攻梓潼，与驻守梓潼的靖国军激战，靖国军不敌，被迫从东门撤出，败走阆中。5 月 20 日，靖国军王维钢旅进攻梓潼，与张鹏舞旅在梓潼城郊激战两天，张鹏舞旅战败，向北面剑阁、昭化方向逃窜，梓潼县划为靖国军三师六旅（旅长刘斌）防区。

1918年9月，熊克武拒绝接受川滇黔靖国军总司令唐继尧等抛出的《三省联盟计划书》（即《准备北伐案》），并发出《率军申讨唐继尧祸川电》。驻防梓潼的刘斌旅，对"倒熊"和"倒滇"的两大集团，采取两面骑墙的策略，将自己所辖两个团的兵力以何光烈团加入"拥熊"的向传义部，又以夏仲实团加入"拥滇"的吕操部。1920年7月，熊克武、刘存厚联军开始反攻。刘存厚军的田颂尧旅沿川陕路南下，与"倒熊"军驻守梓潼的夏仲实团战斗两小时，终战败。

1923年1月，川军一军军长刘成勋、三军军长但懋辛、四川边防司令赖心辉等四川军政首领，强行缩编不同派系的部队，引起三师师长邓锡侯、七师师长陈国栋、二十一师师长田颂尧、十师师长刘斌等部的反抗。5月21日，川军一军喻培棣师攻占梓潼，退据梓潼的三师、十师败退时，在梓潼强行预征了15年税赋。1924年，败退至川北的川军三师、七师、二十一师和十师，联络被赶出川境的杨森、刘存厚两军和已经下野的刘湘师长，联合组成"讨贼军"，分五路反攻川军的一军、三军和边防军的联军。3月，北洋军王鸿恩旅沿川陕道进击一军。驻防梓潼的一军徐光耀团三营（营长杨壁成）设防七曲山，二营（营长达凤刚）负责城垣，一营（营长杨秉春）布防西门至长卿山。王鸿恩旅用迫击炮轰击城内，炸毁北街薛、廖等家和西门王姓等数十家街房，城内百姓惊惧万分。徐光耀团坚守七日，终因寡不敌众，于夜半时分撤离梓潼，退据盐亭。

1925年1月11日，陕军王鸿恩旅移防剑阁、昭化，川军十师刘斌所部立即移兵填驻。二十二师杨森电调驻防三台的四十三旅（旅长杨懋修）前往梓潼接防时，遭到川军刘斌部驻军拒绝。杨森大怒，电调刘斌担任四川道尹，要求即刻赴任，也遭到刘斌拒绝。2月2日，杨森以"移兵潜踞，闭门抗命，犯上作乱"的罪名，免去刘斌川军十师师长职务，同时兴兵问罪，即遣四十三旅和驻防中江的第九混成旅（旅长范绍增，外号范哈儿）向驻防绵阳、梓潼的刘斌师发起攻击。7月4日杨军部队攻破绵阳，7日进攻驻防梓潼的十师夏仲实旅，夏仲实从梓潼撤军时强行预征了梓潼31年的田赋税（即从1925年征收到了1957年）。杨懋修旅入驻梓潼不到半月，川军刘湘、刘文辉、田颂尧、邓锡侯等，以杨森仗恃北洋军吴佩孚"阴聚势力，妄毁正志，取民无度"为由，联合黔军援军总司令袁祖铭发起"倒杨"战争。2月26日，"倒杨"联军二十一师田颂尧率所部进击梓潼，经一天激战，击溃杨懋修旅。从此，梓潼被划为田颂尧防区（二十一师，后为国民革命军第二十九军）。至此，四川军阀在梓潼长达8年的混战结束。

6 红军在梓潼

1935年3月28日夜至3月29日，红四方面军在总指挥徐向前、副总指挥王树声指挥下，在苍溪县塔子山等处突破川军嘉陵江防线后，迅即挥师西进。3月31日，红军胜利占领剑阁县城，4月2日，攻克剑门关。与此同时，红四军、九军和三十军主力，迅速南下，大举向梓潼挺进。

红四军由剑阁境内分兵七路挺进梓潼，消灭正面之敌邓锡侯部。第一路，从剑阁县的武连出发，经梓潼县小垭乡的党家梁（即猪楼子梁）到街坊河和小垭子（今小垭乡）。第二路，从剑阁县的武连靠梓潼演武铺（今演武乡）的山梁出发，穿过梓潼的大信陈、天宝场、中心场（今许州镇中心村），经陈家河（今仙峰乡）、倒石桥（今双板乡），进入江油县的马鞍寺。第三路，从剑阁县武连境内出发，到梓潼的演武铺，向下经上亭铺至距梓潼县城20里的大庙山（在大庙山设红军指挥部和医院），并分兵从上亭铺右侧下山，跨过潼江占领百顷坝场（今许州镇）。第四路，从剑阁境内开封场的碗泉山出发，经碗泉和观音寺（今建兴乡）的豆花子梁，过土地岭到梓潼的观音寺（今建兴乡）、上亭铺，分道去百顷坝南和大庙山。第五路，从剑阁境内的王河场出发，到梓潼的马迎寺（今马迎乡），再由马迎寺分兵两路，一路由申家梁至三合坝（今自强镇），另一路占领老龙场、燕儿山，向梓潼城靠近。三合坝的红军再由大茅山尖山子南下至兴隆场（今玛瑙镇）。在兴隆场的箭杆岭，红军曾与当地土豪李正基的团防队相遇，红军利用居高临下的地形，仅片刻工夫即击溃李正基百多人的乌合之众，顺利地占领了兴隆场，然后溯潼江而上，经柏树垭、金银垭（今属东石乡）进占石牛铺（今石牛镇）。石牛铺的红军大部又到卧龙山（今卧龙镇）、黎雅庙（今黎雅镇），部分到老观庙（今观义镇）、双峰寺（今双峰乡）等地。第六路，从剑阁境内的演圣寺、元山场出发，进入梓潼的头庙山、神道碑、元宝子、仁和场（今仁和镇）后，到倒石桥和斑竹槽（今定远乡）一带开展工作。第七路，从剑阁的金仙场、苍溪的思依场、南部的保城庙进入梓潼的乱石沟（今大新乡），到达仁和场与从元山场过来的红军会合。

4月3日，红军进入梓潼，扼控险关要隘，逐步形成对县城的军事包围。5日下午，红军在凤凰山战斗中，以逸待劳，击退敌人的疯狂进攻。12日，红军发起奇袭石牛堡的战斗，攻占梓潼城南重镇石牛堡。17日，红军在游击队配合下，一举歼灭盘踞在梓潼、剑阁、盐亭三县边界的盐亭保安团黄东平部的二十一、二十二团。18日，红军胜利占领长卿山，同时，歼灭川军二十八军据守梓潼城的两个团，胜利占领梓潼县城。

红军进入梓潼后，在宣传组织群众和发动群众的基础上，建立了梓潼、百顷坝、重华3个县级苏维埃政府，有县级干部12人；建立区苏维埃政府5处，有干部15人；建立乡苏维埃政权17处，有干部98人；建立村级苏维埃政权139处，有干部573人。在部分区乡还建立了贫农团、抗日救国同盟、少先队儿童团等群众组织。同时，红军还广泛深入地向群众宣传马克思列宁主义和红军的政治主张，充分发动群众，开展"打土豪、分浮财"，扩大红军队伍，在部分乡村开始分田地，组织当地群众加入革命斗争。各级苏维埃政府广泛张贴文告，镇压当地反动势力，摧毁了一部分国民党地方基层政权，惩办了一些贪官污吏。

7 国立六中一分校迁梓始末

1937 年冬，日寇侵占济南，山东全境告急，许多中等学校纷纷往内地迁移。山东省国立第六中学流亡到河南省许昌一带，成立了山东省联合中学，后辗转至湖北。不久，在鄂西北，山东省联合中学由国民党政府教育部改建为国立湖北均县中学，继续收容山东省的流亡中学师生，并在均县、郧阳设校，均县分校为师范部，郧阳校本部为中学部。

1938 年 10 月，武汉沦陷，学校又奉命西迁。均县分校于 1938 年 12 月 17 日启程，行程约 1500 公里，1939 年 3 月初到达四川。国立第六中学校本部设在绵阳，分别在梓潼、德阳、绵阳辛店子（今永兴）和罗江设立四个分校。

梓潼为国立第六中学第一分校。师生在县城文昌宫、陕西馆、南华宫等处学习、生活。校内分简师部和师范（中师）部，师生约 2000 人，他们大都系山东省的流亡学生。学校由国民党政府教育部直接管理，地方上无权过问。1942 年春，学校奉命改称为"国立梓潼师范学校"，开始大量招收四川本地的学生。1948 年 7 月，学校奉命停办，前后历时十年。

国立六中梓潼第一分校的大部分学生，早在离开山东家乡时，就受到中国共产党提倡的抗日救国思想的影响。在湖北均县时，学校就有进步学生 200 余人。1938 年 9 月，师范部学生林英纯（林又常）等在驻均县抗日的川军第四十一军的一个旅进行慰问演出时，结识了两位打入川军的中国共产党指导员陈元良（梓潼人）和漆锐夫。在陈元良、漆锐夫的帮助教育下，林英纯加入中国共产党，并担任特别支部书记，该支部有中共党员 3 人。1939 年 3 月初，学校迁到四川梓潼时，林英纯等设法与四川地下党组织取得联系。至 1940 年冬，在不到两年的时间里，党员发展到 40 多人。他们在学校组织开展抗日救亡宣传活动，输送党员及进步青年奔赴革命圣地延安。1940年，地下党员杨景湘、程芸平及进步青年贺敬之、李方立、吕庆长（吕西风）等先后前往延安。

8 梓潼解放

1949 年 12 月 19 日午夜，刚解放剑阁的人民解放军先头部队经过昼夜急行军 160 里，抵达七曲山大庙，与梓潼县城内的中共地下党组织取得联系，并要求他们组织民众自卫队暂时撤出城外，以防意外。民众自卫队得信后，从西门撤出。

12 月 20 日拂晓前，中国人民解放军六十军一八〇师五四〇团，在团长尚坦、政治部主任韩光前带领下，一举解放梓潼县城。

梓潼解放当天，解放军部队首长在听取民众自卫队派回人员秦国顺、雷从泽的汇报后，即指示"民众自卫队立即回城，继续负担城内治安工作"。自卫队人员回城途中，在（潼江）西河边把枪膛内子弹取出来，倒背枪支，回城中驻所中和街"三圣宫"内，除一小部分人离队外，大部分人留下。民众自卫队被改编为梓潼县人民自卫队，他们每人佩戴白布袖套，当天即担负起县城内外治安管理任务，并动员居民支前，组织居民给过境部队烧开水、供应马料等。

12月21日，中国人民解放军第十八兵团司令部进驻梓潼周劭华家（今梓潼县大修厂内）。贺龙司令员，周士第、王维舟副司令员，李井泉政委，胡耀邦主任等入住梓潼。12月22日，贺龙司令员拟委任魏三庆任梓潼县长，由于魏系本县人，因此，经研究后，原第一野战军司令部秘书秦其谷被任命为梓潼县人民政府县长。秦其谷上任后，组织群众在城内北十字、东十字等处张贴布告、标语，宣传"约法八章""三大纪律、八项注意"等，维持社会治安，稳定物价，安定人心。同时梓潼县成立了支前委员会，推举进步人士陈仁文为主任，中共地下党员陈元伦为副主任。该委员会下设供应股、总务股和粮食、仓库管理股，负责过境部队粮秣给养等工作。

贺龙等领导在梓潼期间，听取了地下党员赵邦雄、陈元伦等人的汇报后，对他们进行了勉励。王维舟在县政府办公室内召开了旧职留用人员会议，号召大家遵守"三大纪律、八项注意"，按"约法八章"办事，丢掉顾虑，坚守岗位，安心工作，今后更好地为人民服务。

12月24日，县长秦其谷随兵团领导离开梓潼前往成都。他在梓潼任职仅三天，未建立县政府下属工作部门，主要任务是安定人心，宣传共产党的政策，收缴枪支和为过境部队筹备粮秣军需等。

同日，川西北临时军政委员会安排随军南下的西北入川工作团干部刘杰接替秦其谷任梓潼县长。

12 月 25 日，中共地下党江（油）、彰（明）、平（武）、梓（潼）、盐（亭）工委副书记王岳回到梓潼，向刘杰和随军南下的原四川地下党川康特委负责人马识途，详细汇报了梓潼地下党的建立、发展经过，党员成分、人数和分布地点，梓潼地下党领导机关江、彰、平、梓、盐工委和川北工委及其负责人等情况。刘杰等人着手筹组县政府、财政、建设等科，配备县政府各工作部门领导班子。

12 月 27 日，当作为后梯队随军南进的西北入川工作团乘车至梓潼大庙山时，工作团分管领导贾启允宣布郭志修、支秉阳、郭金才、杨科红四人留梓潼工作。是日，刘杰去绵阳开会，郭志修接替刘杰任县长。当晚，郭志修把梓潼地下党的同志和南下担任梓潼地方工作的同志召集在一起，正式会师。

1950 年 1 月 1 日，郭志修被任命为中共梓潼县委书记兼县长，王岳负责县委组织工作，谢子民负责县委宣传工作，支秉阳负责社会保卫工作，党委工作机构由此搭建起来。政府除郭志修兼任县长外，由武献卿任民政科长、王克功任财政科长、支秉阳任公安局长，形成了梓潼人民政权雏形。1950 年 4 月中旬，韩光前到梓潼任县长。

9 三线建设在梓潼

1965 年，中国工程物理研究院院部迁建梓潼，使梓潼成为中国原子弹、氢弹的研发基地，成为中国核武器科技事业发展史第二阶段的科研基地和第二个核武器研制基地的指挥和决策中心。从 20 世纪 60 年代中期至 90 年代初期，中国工程物理研究院在这里铸造中国的"核盾"20 余年，完成了多个型号战略核武器研制定型任务，取得了新一代武器研发关键技术的重大突破。邓稼先等科学家用自己的热血和忠诚构筑惊世辉煌的物质丰碑的同时，也铸就了催人奋进、光照后人的精神丰碑，形成了"铸国防基石，做民族脊梁"的核心价值观和以"爱国奉献、艰苦奋斗、协同攻关、求实创新、永攀高峰"为主要内容的"两弹"精神，并永远放射着耀眼的光辉。

20 世纪 60 年代中期，国际局势日趋紧张，为加强战备，逐步改变国防、科技、工业和交通建设生产力布局，中共中央决定进行一次建设重心由东向西转移的战略大调整，即"三线建设"。

中央将四川省确定为三线建设的重点地区。1964 年 3 月，中央决定将核武器研究中心从青海迁往内地。第二机械工业部（以下简称"二机部"）召开三线建设选址工作会议，确定选址的原则是：从战略考虑，建厂必须在四川、贵州两省考虑，坚持"靠山、分散、隐蔽"方针，重要工程进洞，利于保密；少占农田，利用当地的水源、电源和交通等基础设施，生活区靠近小城镇。不久后，中央决定二机部系统均在四川范围选址。梓潼无论从地理位置、地形、地貌、地质水文还是道路交通、气候物产等方面，都很符合三线建设的"靠山、分散、隐蔽"布点的要求，是选址理想之地。1965 年 5 月 10 日，经中央军委批准，中国工程物理研究院（对外简称"九院"）三线工程布置在梓潼、剑阁、安县一带。九院总部定点于梓潼，院总部机关及医疗、后勤保障设施设于县城近郊的长卿山山麓白家湾，总部下属的五所、六所、十所等研究所分布于梓潼的交泰、玛瑙、仙峰等乡镇，共占地约 2000 多亩。

1965 年秋，梓潼境内的三线建设工程建设开始。中共中央政治局委员、中共西南局第一书记李井泉，西南局书记杨秀峰，中共四川省委工业书记杨超，中共绵阳地委书记彭华等领导同志都亲临梓潼安排部署。李井泉同志对中共梓潼县委书记薛斌奎说："你们的任务就是服好务，可以多派些人去成都学理发、学厨师，多开几个高级饭店、旅馆，通过搞好服务带动梓潼经济的发展。"这一年，工程兵 54 师进驻梓潼，省建 24 公司 1 万人、西北 5 公司 5000 人进驻梓潼。梓潼调来了工程设计院，开始了大规模的道路、水电、通信、邮电、建筑等施工建设。到 1966 年年初，工程建设人员达到 3 万余人。

1974 年，九院三线基地初步建成，至 1985 年，九院梓潼基地建筑面积近 100 万平方米，新修厂区公路 314 千米，建通信线路 534 杆千米，输通 3.5 万伏高压线，境内建变电站 4 个，在梓潼工作的中高级科技人员达 2500 余人，涉及数十个学科专业，九院梓潼基地形成了协作配套的科研实验生产体系。

自从三线建设在梓潼境内布点开始以来，支援三线建设就成为梓潼县委、县政府和全县人民面临的光荣任务。1965 年，梓潼成立了支援重工业建设办公室，配备干部专司其职，保证建设需要，并先后从行政、商业服务、供销等单位抽调 1200 人到九院下属单位——曙光机械公司从事服务工作，此外，还在公社、生产队组织劳动力承包工程服务。在三线建设中，梓潼人民像当年迎接中国工农红军一样，热烈欢迎三线建设大军和九院科技人员的到来。从勘测设计开始，梓潼人民就箪食壶浆，竭诚欢迎，腾房屋、让土地、种蔬菜、筛沙石、烧砖瓦、打石头、修桥铺路、安全保卫、联防护厂等，从各个方面竭尽全力支援三线建设。遵照李井泉的指示，九院刚来时，梓潼把县委办公大楼、县委招待所、县粮食局机关全部让给院部先遣人员办公、住宿，职工子女全部就读于梓潼中学。梓潼选送了一批有文化的青年人去成都学理发、学厨艺，如著名特级厨师史正良就是其中的佼佼者。一时间，"梓潼三绝"——片粉、酥饼、镶碗名扬四海。3.5万伏高压线路的输通结束了梓潼火力发电的历史，一大批高素质科技人员的涌入、服务行业的振兴繁荣了城乡贸易市场，一次次国家级、省级的文艺团体来三线基地的慰问演出使山区农民大饱眼福。沉睡了多年的河沙、卵石变成了重要的建筑材料，源源不断地被运往工地，为当地农民带来了财富。九院的招工、技校的招生给梓潼年轻人带来了就业机会。从20世纪60年代建机砖厂到80年代建天化厂、丝绸厂、麻纺厂，都离不开九院的大力支援。九院儿女生活在梓潼，扎根在梓潼，与梓潼人民结下了深厚的情谊。

10 老一辈革命家与梓潼

梓潼是从北面进出川陕的必经之地，加之灿烂的历史文化遗迹像一幅幅美不胜收的画卷，吸引着古今中外名流。老一辈无产阶级革命家邓小平、杨尚昆等或转战梓潼，或来县视察，或游览七曲山风光，他们在这里留下了足迹和墨宝，使梓潼山河更具光彩。

邓小平两次莅临梓潼

1958 年 10 月，中共中央总书记邓小平、书记处候补书记杨尚昆，在中共四川省委第一书记李井泉的陪同下，来绵阳视察。10 月 29 日下午，邓小平同志一行从剑阁来到梓潼县城，刚一下车，县委书记韩子英边走边向小平同志介绍梓潼的地理环境、风土人情及工农业生产情况。小平同志面带微笑，仔细地听着，当走到县城北十字街时，韩子英请小平同志一行到县委机关休息一下，小平同志看了下表，爽朗地说："不用了，再走走看看。"他走进一家副食商店问营业员："盐巴多少钱一斤？"营业员回答："一角五分。"小平同志听后点了点头，他对县委同志说："这是人民生活必需品，你们务必要保证供应。"走到位于县城中心的西川旅店时，小平同志又问值班人员旅店住宿客人多不多？住一晚收多少钱？值班员回答说："这是全城设备最好的旅店，住宿客人较多，按房间等级，住宿一夜最高的收费一元二角，最低的四角。"小平同志嘱咐他们要注意安全，讲究卫生。这天梓潼正好逢场（即"赶集"），街上的人比平时要多一些，小平同志看到一位卖草鞋的老农，走上去亲切地问道："多少钱一双？"老人说："四角。"在卖肉的案桌前，小平同志又问："猪肉多少钱一斤？""三角九分。"一路上，小平同志又向韩子英仔细询问了梓潼的历史情况，当了解梓潼素有"谷仓"之称时，便频频点头，十分高兴地说:"梓潼的条件不错嘛,群众的干劲大,热情高,这很好。但是,越是这种情况,你们越要保持清醒的头脑,要实事求是,保护好群众的积极性。"说话间已到城南文峰楼,小平同志停下来对韩子英同志说:"不在梓潼停留了,要前往绵阳。"韩子英等与小平同志依依惜别,目送他们的车驶向远方。

1963 年 4 月 28 日,邓小平第二次来到梓潼。时近中午,中共中央总书记邓小平、国务院副总理兼外交部长陈毅等一行,在出访东南亚国家回国时顺路到梓潼七曲山视察参观。在介绍中,邓小平、陈毅特意走上前来,微笑着和果忍法师亲切握手。由果忍法师带路,邓小平、陈毅等同志兴致勃勃地参观了七曲山大庙的文昌宫、桂香殿、关帝庙、魁星楼、时雨亭、应梦床、晋柏台等主要文物古迹。在桂香殿,邓小平看见一根柱子有些下沉,就说:"一定要好好保护这些文物古迹。"并给随行秘书指示:给大庙拨点款,维修好这些古代建筑。后来,梓潼县政府按邓小平同志的指示在资金本不宽裕的情况下从县财政给七曲山大庙拨付了 8000 元资金,对桂香殿进行维修。在小平同志的关照下,后来国家文物局、四川省文化厅、绵阳专署和梓潼县政府先后拨款上百万元,对国家级的七曲山大庙古文物建筑进行保护维修,使之得以完好保存。

邓小平对梓潼落实侨属政策的三点指示

1962 年冬天的一个晚上,梓潼县建筑公司失火,烧毁古式木楼一幢。在追究失火原因的过程中,由于受当时"左"的思想影响,上级要求专案组从"阶级斗争"的角度去考虑破案线索。何正铭当时系建筑公司工人，他本人曾经在国民党军队里当过兵，兄妹又在海外定居，于是专案组就认定何正铭是纵火犯，他被判刑8年，留场劳改10年，家属受到歧视，生活十分困难，虽经多次申诉要求复查纠正，终未得到彻底解决。

1984年年初，何毓芬（何正铭的堂妹）致信中央顾问委员会主任邓小平，说明事情缘由，希望重新审理此案。接信后，邓小平同志批示："1. 要认真组织复查，实事求是、合情合理做出结论；2. 解决其他问题不要小气；3. 办理结果速报我"。

1984年10月25日，绵阳地区行署侨务办向梓潼县委传达了邓小平的三条指示，梓潼县委接到批示后召开了常委会，迅即要求县人民法院重新调查案件。经分析研究案情，县人民法院认为"何正铭纵火"一案无事实依据，对原处理案情做出纠正，撤销原处理决定，将何正铭送回原单位重新安排工作，并给予经济困难补助，帮助新建房屋14间。梓潼县人民政府发出《关于认真做好工作尽快落实侨务政策》（梓府函〔1986〕44号文）的通知，要求"凡平反纠错不彻底，留有尾巴的，要认真清理纠正"。这一通知下发后，全县掀起纠正冤假错案高潮，落实侨属政策200余人。

杨尚昆七曲山话古柏

1961年5月，中共中央书记处候补书记杨尚昆与解放军总参谋长罗瑞卿等一行，在中共四川省委和梓潼县委领导人陪同下，前往七曲山大庙游览参观。杨尚昆对梓潼县委负责人说：七曲山古柏和文物是历代劳动人民创造的历史文化珍宝，要好好保护，使之贡献于人民。

郭沫若、王震、张爱萍等游览七曲山大庙

1966 年 4 月，国务院副总理、中国科学院院长郭沫若偕夫人于立群到七曲山大庙参观。

1966 年 7 月，国务院副总理王震来七曲山大庙参观。

1983 年 5 月 8 日，国务委员兼国防部长张爱萍将军，在中共四川省委书记谭启龙、四川省长杨析综陪同下，前来大庙游览参观，并书"开物成务"匾额一幅。陪同张爱萍参观七曲山大庙的还有著名的金属物理学家陈能宽等。

三 风云际会数风流

1 西汉文齐临危受命

　　文齐，梓潼县人，生于西汉成帝建始二年（前31）。西汉成帝永始三年（前14），他被广汉郡（郡治梓潼）太守推荐为孝廉，平帝元始元年（1）出任京师（长安）城门校尉，掌管京城社会治安。

　　在文齐担任京师城门校尉时，汉平帝刘衍被他的岳父兼大司马（宰相）王莽毒死，王莽又拥立两岁的刘婴接替，刘婴成为西汉最后一任皇帝。公元8年，王莽发动宫廷政变，让五岁的皇帝刘婴诏告天下，把皇帝的宝座禅让给他，历时214年的西汉王朝结束。王莽命名他的王朝为"新王朝"，史称"新莽王朝"。

　　王莽为了实现自己的政治抱负，开始进行一系列社会改革，其中之一就是把西汉时期对西南少数民族地区部落酋长实

行的分封"王爵"制改为封他们"侯爵",句町国(云南昆明
一带)国王拒不接受,首先起兵反叛。王莽对句町国的反叛
采取镇压,同时对因饥饿而抢掠的贫民也采取镇压政策。王莽
派往句町国镇压边民造反的将军廉丹所率部队被句町国打败
后,又遣城门校尉文齐前去征讨。文齐率军队到达句町后征而
不讨,围而不歼,说服当地酋长和民众归顺新莽王朝。文齐未
损一兵一卒就收服了句町,王莽大喜,于是在句町设益州郡,
任命文齐为益州郡太守。

文齐上任后,革除旧有"政以贿成,勒掠无度,逼民走
险"的弊政,认为"大人者,不失其赤子之心者也"。他制定
"修河堤、增开稻田、三年不纳税"等政策,并亲自登高山,
率民众开山引水灌田,深得全郡民众爱戴。

公元23年,绿林军攻入长安,王莽被杀,新莽王朝维持
15年之后结束。绿林军立刘玄为帝,公元25年,赤眉军攻入
长安城,刘玄被杀。在公元25~36年,公孙述割据蜀地,建
立"大成国"。公孙述派遣使者劝说文齐臣服,文齐一心向往
汉朝,断然拒绝了公孙述的诱降,公孙述以拘捕他住在成都的
妻子相威胁,并许诺封他为公侯,他坚决不答应。在益州,他
仍坚持垦荒造地,开垦农田两千多亩,同时加强操练兵马,修
筑工事,确保边塞平安,老百姓衣食无忧,生活安乐。

公元25年,光武帝刘秀在鄗邑(今河北高邑县)即帝
位,史称东汉。文齐专门派出使者绕道交趾(今越南)前
往鄗邑向光武帝刘秀献贡,表达忠心,全力支持刘秀光复汉
室,深得光武帝嘉许。公元36年,光武帝派兵攻入蜀地,

公孙述被杀，光武帝封文齐为镇远将军，拜成义侯。文齐死后，其子文屯，继承父亲恤爱百姓的传统，继续实施"以农为重"的方略，后升为北海太守。益州等地人民为纪念这位体恤民情、重视农业的太守，在益州各地建立祠庙，以纪念其功德。

2 司马相如读书长卿山

司马相如（前179～前118），字长卿，蜀郡成都（今四川成都）人，西汉辞赋家。一篇《子虚赋》，成就了司马相如在西汉盛世时崇高的文学地位；一首《凤求凰》，让一段古老的爱情故事传为佳话。

司马相如读书石室（长卿石室）

相传，汉武帝建元三年（前138），汉武帝刘彻读了司马相如《子虚赋》后，便召他进京（长安）。时在成都的司马相如，与卓文君新婚不久，夫唱妇随，如胶似漆。司马相如奉诏进京，爱妻难舍难分，送了一程又一程，渐行至梓潼县境，驻足蚕婆山下，抬眼一望，只见蚕婆山状如秀眉，形似螺髻，层林冠盖，松柏千章，见鸟语啁啾，山花飘香，山间雾霭，时浮时散；山下潼水潺潺，轻舟点点，渔歌对答。隔江向北望去，目光尽处，进京的绵绵长路掩隐在森森古柏覆盖下的七曲山中，二人不禁声声叹息，拾步徐徐登上蚕婆山，相拥来到山间古庙，夜深人静，思绪万千，毫无倦意，不禁展卷夜读，通宵达旦。清晨鸟语花香，清风徐徐，令人神清气爽。司马相如不禁感叹道："实乃读书圣地也。"于是便停留下来，直到第二年春天才动身进京。

唐玄宗李隆基因避安史之乱，逃入梓潼时听闻了这个传说后，便以司马相如的字——"长卿"敕封蚕婆山为"长卿山"。唐代诗人李商隐和清代刑部尚书王渔洋都有诗词题咏其事。

现存"长卿石室"，凿于长6米、宽5米，距地面1.2米的石壁上。石门用青砖砌成，圆拱形顶，敛口，高2.5米、宽2.1米、深2.4米，石室后壁阴刻汉隶"长卿石室"4个大字，无錾刻时间。室前左右壁上刻有清末人的诗句。左壁诗句为："书岩本是读书台，司马长卿锦城来。长门赋献身荣贵，前人已去今又开。"右壁诗句是："七曲弯环九曲水，奔流暗锁青山嘴。虹桥一道通紫气，中有来脉润梓里。"

　　1985 年 6 月，司马相如读书的"长卿石室"被梓潼县人民政府公布为文物保护单位。

3　景毅为官的十二字箴言

　　景毅，字文坚，东汉时期梓潼县人。他为官五十年，深受百姓拥戴。《华阳国志》赞其为："文坚亟哉，南面怀民。"

　　少年时期的景毅在家勤读经史，研习儒学，通五经，贯六艺。他"惓惓读书，拳拳侍亲"，获得家乡父老的赞誉，成为远近闻名的"读书人"，得到地方士大夫阶层的青睐。顺帝阳嘉元年（132），他被广汉郡太守丁羽推举为孝廉。

　　即将步入仕途走上官场的景毅，心怀忐忑，惴惴不安，食不甘味，夜不能寐。他深知，官场险恶，责任重大，心中暗暗告诫自己，力求做到明察秋毫，公平处理政务，保持自身清正廉洁，并立下誓言："在官惟明，莅事惟平，立身惟清"。

　　景毅举为孝廉后，朝廷很快委任他担任沇阳（今山东兖州）侯，不久又改任高陵（今陕西西安之北）令。无论走到哪里，他都是兴办学堂，以礼义教化百姓，重视农桑，保一方平安。景毅在地方政绩突出，故被朝廷任命为京官，协助大夫掌管公卿大臣上书皇上的奏折，官职为侍御史。进京后，他把自己的儿子景顾送到司隶校尉李膺的门下读书深造。李膺是东汉时期士大夫集团重要的政治领袖，在士大夫集团和外戚势力的"党争"中，士大夫集团惨败，李膺被杀，其妻子、儿女、门生、故吏、家奴都受到惩处，景顾却没有受株连。景毅后来才得知，是地方官员为了讨好他，在上报名单时将他儿子的名字故意漏报。景毅慨然叹息，说："既然有罪，岂可漏夺名籍，苟安偷生！"立即禀告朝廷，请求处置。朝廷免去景毅侍御史之职，降为武都（今甘肃省武都县）令。

不久，景毅升迁至益州（今云南昆明）太守。益州由于刚经历过多年战乱，物价飞涨，粮食匮乏，民夷困饿，米斗千钱，社会治安十分混乱。上任伊始，景毅见民众疾苦，立即减轻赋税，稳定社会秩序；大力发展生产，带头勤俭节约；认真管理地方政务，加强对百姓的教化，让百姓安居乐业。因此，社会秩序日趋稳定，百姓夜不闭户；经济渐渐复苏，一斗米价降至八钱；役吏遵从"仁义"，不敢仗势欺人。

由于景毅在益州政绩突出，他的美名传到京城，掌管军事的太尉、掌管教育的司徒和掌管实业兴荣的司空联合向汉献帝举荐景毅回朝廷任仪郎，并征拜他为光禄勋位。但他自己上表婉拒，要求留在益州继续任职。益州牧刘焉上表朝廷，拜景毅为益州都尉。

景毅卒于益州任所，享年81岁。

4 李商隐与梓潼

李商隐（约813~858），字义山，号玉溪生，河南怀州（今河南沁阳）人。晚唐著名诗人，与杜牧齐名，人称"小李杜"。晚年李商隐在七曲山大庙留下了诗篇。

唐中叶后期，朝政腐败，宦官弄权，朋党斗争十分激烈。

李商隐常以"青松"自比，对朋党拉帮结派十分不满，但是与两党人员都有交往，在党争中不以人划线。

唐大中五年（851），李商隐随东川节度使柳仲郢入蜀，11月接受了参军的职位。他常与高僧交往，捐钱刊印佛经，在四川梓州（今三台县）的幕府生活了四年，其间，曾游经梓潼。

他驻足长卿山，闻言司马相如读书于此，感叹自己怀才不遇，慨然吟出"梓潼不见马相如，更欲南行问酒垆。行到巴西觅谯秀，巴西惟是有寒芜"的诗句，表达了他很想见到像司马相如这样的人才，因为一时没见到而四处打听的急切心情。他为什么想见到像司马相如这样的人呢？因为司马相如曾奉汉武帝之命出使西南，使巴蜀和云贵的酋长部落归附朝廷，维护了国家的统一。他到了巴西（今绵阳）还想去找一找谯秀，因为谯登、谯纵、谯秀祖孙数代，都担任过巴西太守，他们在维护国家统一，打击分裂势力方面，都有过杰出的表现，很值得人们敬仰，令人遗憾的是，遗留下来的恐怕只有荒凉清冷的空屋子了。

蹚过湍急的潼江河水，眼见古老的梓潼县城，李商隐回想起过去的岁月，思乡之情不禁油然而生。"燕雁迢迢隔上林，高秋望断正长吟。人间路有潼江险，天外山惟玉垒深。日向花间留返照，云从城上结层阴。三年已制思乡泪，更入新年恐不禁。"一首七律《写意》，充分表达了他的思乡情怀和有家不能归的苦闷与悲愁。

面对梓潼七曲山文昌帝君神像，李商隐感叹现实的残酷，不禁写下"下马捧椒浆，迎神白玉堂。如何铁如意，独自与姚苌"。姚苌是十六国时期后秦政权的开国君主，其当政时期战事频仍，民不聊生。从中可见李商隐对藩镇割据势力和分裂势力的不满。

李商隐在梓潼留下的诗篇，用一些似乎不太相干的象征典故，多方面加以叠合，构成意蕴复杂的境界，使变幻的心绪得以充分展现，这是李诗中不可多得的篇章。

5 同盟会员陈新斋

陈新斋（1875～1959），四川梓潼人，前清拔贡，日本宏文学院毕业。他曾任四川省政府视察员、第一区行政专署（今温江）科长、江油联合师范学校教师。

陈新斋八岁丧父，家境贫寒，母亲杜氏靠纺织供其读书。1902 年，他应清政府诏令官费留学日本东京宏文学院。1905 年，孙中山先生倡导缔建的"中国同盟会"成立后，陈新斋积极呼应，与张表方、赵香畹等同期加入同盟会，积极宣传"推翻满清""效法明治维新"等革命宗旨。在辛亥革命成功后，他应川西道道尹黄籀青（留日同学）之邀，入西藏开发实业，任德荣、义敦两县知事。任期内，他仍不断宣传孙中山先生之三民主义；重教育，采标本，勘查地下矿藏；做好汉藏之间的团结工作。因其成绩显著，荣获五等文虎勋章及四等嘉禾勋章。

陈新斋留学归国后，曾在龙安府创办了第一所龙安高等小学，从此走上了教育救国的道路。

1911 年，陈新斋回到家乡梓潼，创办了梓潼县第一所县立高等小学校，兼任校长。他将学制改革后的课程第一次贯彻到这个小县城，取代原有的封建教育制度，并增加了数学、英语、手工、音乐等课程。

1924 年，应四川省立绵阳师范学校聘请，陈新斋担任国文教员，深受师生喜爱。

1927 年，他又回梓潼任教，宣传"男女平等"观念，并以新兴街福建会馆为校址，创办了梓潼女子中学。因其祖籍福建，以原籍人士身份向会馆争取，顺利建校。

1940 年，陈新斋任梓潼民教馆长，同时兼任县立中学国文教员。其间，他对地方文物名胜极力维护，培修李业祠、文峰楼，在大庙建"时雨亭"，重刻西岩寺佛像等。

1953 年 8 月 25 日，四川省人民政府聘请陈新斋为四川省人民政府文史研究馆馆员。

1959 年 2 月，陈新斋因病逝世，终年 84 岁，被安葬于梓潼铜鼓山。他一生勤学不倦，对文学、书法、绘画、医学皆潜心自学，现尚存书法和诗文作品多件。

6 邓稼先梓潼轶事

邓稼先（1924～1986），中国著名核物理学家，中国科学院院士。他曾任中国工程物理研究院（以下称"九院"）院长，国防科学工业委员会科技委员会副主任，中国核学会第一、第二届常务理事。他曾参加组织和领导我国核武器的研究、设计工作，是我国核武器理论研究工作的奠基者之一，是中国核武器研制与发展的主要组织者、领导者，被称为"两弹一星元勋"。

1970 年前后，成功研制"两弹"的九院从青海高原迁到了四川深山绵阳、梓潼等地。

据原九院办公室秘书王昌武同志回忆说："我第一次见到邓院长是 1984 年 5 月。那是院办公室同志领我熟悉情况，当到邓院长办公室时，我看见一个头发灰白、身躯高大的首长在伏案工作。我们报告进门后，他即转过身来，领我的同志跟他说，我是刚分来院办公室的，他热情地问我原在什么地方，干什么工作。我已听说过他是中央委员，在工作上对人要求很严格，我不免有些拘束。当听见他这么热情、平易近人地询问，我也不再拘束，即简要地做了回答。他说，我们院是国家重点保密单位，办公室的工作很重要，一点也马虎不得，你来了要好好向老同志学习，把工作干好。短短几句话，他对我们工作人员亲切的教诲和要求，至今不忘。

1985 年 7 月初，邓院长正忙着准备去武汉参加一个会议，碰巧赶上省委领导第一次来九院视察工作，连续三天他都要陪同到各所，时间安排得非常紧，有的所安排看的点多，邓院长怕讲解的时间长了看不完，就亲自代替讲解员给省委领导讲解，既简明又易懂。晚上他又赶回院里加班到深夜准备会议材料，送走了省委领导，才匆匆起程去参加会议。7 月下旬，在 221 厂一次试验成功后，邓院长在京与院里领导开完电话会后，他再也支持不住了，第二天住进了解放军 301 医院。"

梓潼现在的"两弹城精英门"的那首诗（"红云冲天照九霄，千钧核力动地摇。二十年来勇攀后，二代轻舟已过桥。"）就是出自邓院长之手。这首诗是他为九院二十年院庆所写，其中"二代轻舟"就是指中子弹。在生活中，邓院长自己很节俭，他每月三百多元钱，除了自己买书和资料外，大多用来"招待"院内外的科技人员。

邓稼先的警卫员游泽华回忆说："我十八岁那年参军，在新兵连训练快结束时，我有幸被挑中，分到了邓稼先院长身边工作，那是 20 世纪 80 年代初期的事。第一次见到邓院长时，我就觉得他像邻家大叔一样让人感到亲切。我习惯称他邓院长或邓老。

"邓院长每天很忙，生活毫无规律，我只能利用每天早上他上厕所的时间给他收拾好房间，沏好茶，冲好咖啡。由于工作繁忙，他常常办公、看资料、阅读书籍至深更半夜，很少在夜里 11 点以前睡觉，有时晚上休息得太晚，早上起来时发现上班时间快到了，他便急匆匆地一手拿面包，一手拿饼干，边走边吃。

"我参军前曾谈过一次恋爱，但是由于后来给邓院长当警卫员时，工作非常保密，女朋友与我的误会越来越多，最后还是分手了。后来父母托媒人又给我介绍了一个女朋友，从家里相亲回来，我就把这事告诉了邓老，他高兴地说：好，你去把她带来，全部由我请客，这次一定不让你吹灯了。当我把女朋友带来时，他就像见到自己亲闺女一样兴奋，好好款待了这位姑娘，我女朋友走时，他还买了很多礼品。

"1985年8月，邓院长到北京开会时被确诊为直肠癌。虽然有中央军委的高度重视，301医院医护人员的精心护理，但邓院长的身体却每况愈下，一日不如一日，几乎每天都要打两三针杜冷丁（哌替啶）止痛。有时杜冷丁也不起作用，医院的理疗师便来给他按摩、理疗以减轻他的疼痛感。每次我都会在一边学习，没过多久，我也可以代替理疗师给邓院长揉一揉、搓一搓、按一按。然而，众人的关怀还是没有放慢死神的脚步。

"1986年7月29日12时20分左右，当班的所有医护人员正在吃午饭的时候，只有我一人在他身边，他用无力的手招呼我，声音低沉，也许他要说什么。我急忙找来医生，四处打电话……邓老太累了，也许是苍天的有意安排，不让打扰他的长眠。送走了邓老，我心里非常痛苦。后来同事告诉我，他在临走前一段时间，反复向组织交代，今后一定要安排好我的工作。"

2002年，邓稼先夫人许鹿希女士在邓稼先长期生活和工作的院落亲自题写了"邓稼先旧居"匾额。2006年4月20日，邓稼先的儿子邓志平第一次来到这里，当邓志平仔细看完父亲当年工作和生活过的环境后，甚感意外，他由衷感叹道："过去只知道父亲当年为核武器研制呕心沥血，但没想到会如此艰辛，看后很震惊。"邓志平还说："过去只听说绵阳是科技城、宜居城，看后感觉名不虚传。""此次活动不能惊动地方，更不能惊动媒体。"由于邓稼先生前一向不事张扬，加上严谨的家风，邓志平耳濡目染，也行事低调。活动一结束，邓志平就悄然乘飞机返回了北京。

2010 年 8 月，"中国两弹城"入选国家红色旅游经典景区，成为"两弹一星"国防科技教育基地。

7 智光法师

智光法师（1890～1977），法号性空，俗名仇立成，字碧松，梓潼县潼江镇（今文昌镇）青岭村人。

因其目睹清末民初政治腐败，军阀割据，民不聊生，而潜心学佛，钻研书画技艺。1920 年，他皈依佛门。

1932 年，智光随同浙江普陀山印光、重庆缙云寺太虚、河南少林寺汝岩等法师共 11 人赴印度研习佛学。因其钻研佛学精义有成，获翡翠玉雕观音像一尊。回国不久，智光应缅甸众僧敦请，再度出国，赴缅甸讲经弘法。

1935 年，智光应云岩寺法师礼聘，出任重庆狮子山华严寺方丈；次年，离渝赴新都宝光寺任方丈；1937 年，转成都昭觉寺任方丈；1938 年，主持绵阳塘汛粲盛寺；1949 年，任成都大慈寺方丈。智光在佛学方面造诣颇深，翻译有《弥陀经》《普门品》《严华经》《金刚经》等梵文佛学经典。

智光的各种书法字体皆精，绘画尤为精湛。山水花鸟、人物草虫，在他的笔下惟妙惟肖。重庆华严寺大殿正厅、客堂、居院皆有智光的书画作品，因其书画技艺，而墨香千里。中国著名国画大师齐白石老人赞其书画为"妙品"。抗战期间，蒋介石带领军政头目去华严寺参观游览，看了智光法师的翰墨丹青，也点头称道，连声叫绝。

智光法师是梓潼人，对梓潼也特别厚爱。新中国成立前他曾两次回乡在大庙讲经，盛况空前。一次是 1931 年秋，县长韦见凡请其为阵亡将士超度，做水陆道场。智光带回不少僧侣，并集合全县各寺庙僧侣，在县城东较场（今东操场）做水陆道场，超度战争阵亡将士及无主无依的孤魂。另一次是 1936 年，梓潼大悲楼（今七曲山大庙院内）建成，智光法师主动回乡讲经。

智光法师于 1956 年返回故里，1961 年被选为梓潼县第四届人民代表，1977 年 10 月 11 日圆寂，享年 87 岁。

8　田席名厨仇宝祥

在梓潼县农村，凡红白喜事等举办的筵席统称田席，也叫十大碗油席或乡村油席。据史料记载：清乾隆年间，川北农村风调雨顺，五谷丰登。秋收后，乡民相约出"份金"，以本地所产蔬菜、肉类烹饪设席，在田间院坝，喜庆丰收，俗称"田席"。

梓潼地处川、陕要道，过往官员、商旅甚多，一批田席厨师，还要负责做"官差"筵席。至明、清时期，梓潼就有了"名厨之乡"的美称。

清末民初，梓潼厨师仇宝祥（1862～1935）最为有名。他是梓潼县文昌镇青岭村人，生性忠厚诚朴，勤学好问。仇宝祥从小随父学厨艺，善做田席的九碟、三蒸、九扣，还能选用价廉的应季蔬菜、粗菜细做，做出美味菜肴。仇宝祥所做田席有浓郁的乡土气息，经济实惠，深受百姓喜爱，渐渐小有名气。县城的富商大户、官绅也慕名请他做厨。因此他有机会学习京、川筵席烹饪技术，掌握了鱼翅、海参等高档菜肴技艺，其中，烤乳猪是他的拿手菜。凡重要官员过境，县衙门"办差"接待，都要请他主厨。

清光绪二十九年（1903），新任四川总督锡良（满族人）赴任，经过梓潼时，知县沈希濂请仇宝祥主厨。他特地做了以烤乳猪为主菜的满汉筵席。席间，先是四手碟、对镶盘、四热碟、四水果、四糖碗、四蜜饯、八中碗、八大碗上桌，然后撤去席面，换上匙、筷、杯、碟，呈上主菜烤乳猪，主菜以红绸覆盖，揭开后，已切成片的乳猪被码成原状放于盘内，烤乳猪色泽红亮，皮肉酥脆，吃时味道醇香，肥而不腻，肉嫩味美。此时仇宝祥特地做了"状元红""广出"两道菜献上。锡良吃后赞不绝口，传话要他说出做法。他说："状元红"是用红皮萝卜嫩心叶、白菜嫩心叶切细，用开水烫一下，滤干，放白糖吃。"广出"是用本地红苕煮粑，用温水捶调，加入精面粉做成小饼，再略煠一下捞起放上白糖吃。锡良听后，当场赏纹银二锭。锡良到绵州后，要"办差"人员照做这两道菜，但味道均不及仇宝祥所做。

清宣统元年（1909），溥仪登基，西藏地方政府代表噶丹、驻藏办事大臣海枚进京朝贺。他们路过梓潼县时，已是巳牌时分（上午十点左右），仇宝祥利落地用牛皮菜汁浸泡牛羊肉后，做了牛羊肉席，准时正午开席，肉粑味美，食者赞不绝口。

1923 年，川军第一军军长熊克武过境梓潼，驻防梓潼的旅长陈鸣和县长王西坡请仇宝祥主厨，一桌田席风味令熊克武等人津津乐道。

有一次，仇宝祥在蒸扣肉时，由于黄粉汁流淌，凝固成片状，他便对此产生兴趣，并不断加以改进，将其摊制成誉满省内外的梓潼片粉。

仇宝祥为人谦和，不保守，乐于带徒传艺。他循循善诱，态度和蔼，先后收徒魏连富（梓潼解放后县委会厨师）、仇昌德（县人民政府厨师）、刘三、刘五、白文成、仇昌顺等人，后再传徒孙，遍布城乡。

源于田席的梓潼镶碗、梓潼片粉，已经成为梓潼饮食文化的一张名片。

镶碗　　　　　　　　　　　　片粉

9　学术大师谢无量

谢无量（1884～1964），四川乐至人，祖籍梓潼，原名蒙，字大澄，号希范，后易名沉，字无量，别署啬庵。1901 年，谢无量与李叔同、黄炎培等同入南洋公学。清末，谢无量任成都存古学堂监督，民国初期在孙中山大元帅府任孙中山先生秘书长、参议长，黄埔军校教官等职。之后，他从事教育和著述，任国内多所大学教授。新中国成立后，他历任川西博物馆馆长、中国人民大学教授、中央文史馆副馆长。在学术、诗文、书法方面，他都被公推为一代大家，著有《中国大文学史》《中国哲学史》《诗经研究》《佛学大纲》《楚辞新论》《中国古田制考》《中国妇女文学史》《谢无量书法》等。

《谢氏族谱》记载，明洪武年间（1368～1398），谢无量的高祖谢伯常，游宦入蜀，任梓潼知县，后定居梓潼县城之西的真武庙（今梓潼白云镇）。谢无量的父亲谢维锴于光绪四年（1878）考中戊寅科举人，后出任乐至县知县，即举家迁往乐至。谢无量于光绪十年（1884）在乐至县三里乡金马村诞生。

1942 年，谢无量与友人于右任等应江油地方人士蹇幼樵之邀，到江油小住时，曾问梓潼黎雅人张一峰（曾任孙中山大元帅府的秘书，与谢无量为同事）："梓潼九根柏还在吗？"并带信要梓潼的族人去江油会面。梓潼九根柏（今白云镇九林村）谢家即推举 6 位长者，他们带上 20 斤挂面去江油与谢无量会面，会见时，谢无量向谢家长者行了鞠躬礼。谢家长者请他回梓潼九根柏看一看，他很高兴，于是亲自题写了"九根呈祥""德庇邻居""陈留氏""阳夏流芳"四道匾额，均署"族晚谢无量"。如今"阳夏流芳"一匾还保留在梓潼县政协。谢无量不仅写匾认祖，而且他的著作《诗学指南》

《中国妇女文学史》《楚辞研究》等众多书籍出版时，均署"梓潼谢无量著"。

1959 年年初，家乡梓潼筹办报纸，谢无量应邀题写了"梓潼报"三个遒劲大字，很快寄给中共梓潼县委，以此表达他对家乡的热爱。

2000 年，受中共梓潼县委、县人民政府的委托，梓潼县政协原文史委主任、著名学者刘长荣先生主笔编著了《国学大师谢无量》一书，并邀原剑阁县地方志办公室主任何兴明先生协助完稿，2002 年年初出版。

2002 年 3 月，谢无量祖籍纪念馆在梓潼三泉乡建成，馆藏谢无量文史哲著作 700 万字，诗歌 150 首，书法碑帖 3 部以及 50 多位学者对谢无量的评论文献。纪念馆刻门联：国情乡情，患难生死不忘本；经学佛学，文史哲理通古今。

10 东方色彩大师李有行

在 20 世纪的中国美术界，有一位被尊称为东方色彩大师的著名水粉画家，他一生与绘画为伴，以育人为业，笔耕不辍，成绩斐然，桃李满天下。他的作品造诣极高，具有欣赏性、审美性和装饰性的特点，在中国美术界独树一帜，他就是四川美术学院创始人，从梓潼走出去的著名画家李有行（别名顾言）。

1905 年，李有行出生于四川省梓潼县双板乡，11 岁随父亲到北京。他从小对绘画着迷，经常用柴炭在墙壁、石板、地

李有行塑像

上涂鸦。北京师范大学附小的卢老师是他的绘画启蒙老师。后来，他考入北京美专图案系，开始正式学习绘画。21 岁时，他留学法国里昂美术专科学校，在那里认识了徐悲鸿、丰子恺等。1929 年，25 岁的李有行学成毕业，后受聘于巴黎维勒丝绸公司任图案设计师，酬金优厚、生活优裕。怀有赤子之心的李有行为振兴中国实用工艺美术，毅然放弃国外的优裕生活，于1931年回国，在他乘坐的海轮快要到达上海之际，他在船上画了一幅水粉画《归来》，爱国之心跃然纸上。

回国后，李有行任上海美亚织绸厂美术部主任，他所设计的百余种产品风靡东南亚。然而，他感到中国丝绸产品缺乏竞争力，并认为其主要原因是观念陈旧、人才匮乏。于是，他断然决定献身教育事业，立志为国家培养美术人才，而受聘于国立北平艺专任美术教授。

1938年，抗日烽火弥漫华北，李有行随校南迁，辗转回到四川。当时条件非常艰苦，许多教授迫于生计，改行经商，他却坚持教书育人，并与四川美术界雷圭元、庞薰琴、沈福文等教授创办了中华工艺社，任总干事。工艺社面向社会广纳人才，筹集经费，虽然解决了部分美术工作者的困难，但李有行认为这并非解决美术界人才问题的根本途径，于是，他又四方呼吁，在商业界、地方实业界募捐筹资，创办了四川省艺术专科学校（四川美术学院前身），任校长。后来他因掩护中共地下党员、支持进步学生被撤职。卸任后，他到法国驻成都领事馆任秘书直到成都解放。

新中国成立后，李有行先生受到党和人民政府的关怀和重用，先后执教于成都艺术专科学校、西南美术专科学校、四川美术学院，任四川美术学院教授、教务长、学术委员会副主任、代理校长等职。1956年，李有行加入中国民主同盟，任民盟重庆市委文教科技委员会委员、中国美术家协会会员、中国美术家协会四川分会理事。

李有行十分关心家乡的建设。新中国成立后，他先后五次带子女回到梓潼，还多次带学生到梓潼七曲山大庙风景区写生。1980年，他再次回到家乡，以家乡的南桥、司马长卿读书石室、九曲潼江等美景为素材创作了长卷水粉画作品，表达他对家乡由衷的热爱。

1982年，李有行于四川美术学院辞世，终年77岁。李有行先生从事美术创作和美术教育40年，作画3000余幅，多次在成都、重庆、北京等地举办画展，出版有《李有行水粉画集》《李有行画选》等作品。

11 川剧名角薛义安

薛义安，1895年出生于梓潼，早年丧父后，长兄和三弟相继去世，由舅父杨懋先抚养培育。舅父杨懋先是清末秀才，酷爱川剧，擅长拉胡琴。他曾教薛义安古典文学，薛义安也随之吼几声川剧。当时梓潼城内有个川剧团叫广和班，还有两家清唱"玩友"，叫荣和俱乐部与益和俱乐部。薛义安常去听、去学、去唱，因其音声润和，吐字清晰，被班主高福渠和名须生张海泉收为徒弟。薛义安因家境困难，又不愿长期仰赖舅父维生，就随同堂弟薛晏明去成都集股经商，在上北打金街经营山货铺。店址距悦来剧场（即三庆会）很近，薛义安几乎每天晚上都要去看三庆会的川戏演出，边看、边学、边记，偶尔白天到名角家里或茶坊剧院向康芷林、贾培之、肖楷成、陈淡然等大师请教。此后，他常对同行说，贾培之老师音出胸腔，气贯长虹，雄浑有万钧之力；肖楷成老师音出丹田，脑后成腔，余音缭绕；康芷林老师功底全面、湛深，手、眼、身段、腰腿都表演得准确有力，字正腔圆，绝不花腔弄巧。他学诸师之特长，消化于晨晚锻炼之中。后来他听刘成基老师讲："功底有了，感情没有，内行要喝倒彩。感情从日常生活中得来，从书本中得来……"因此他一面读《三国演义》《水浒传》《西厢记》《平妖传》《缀白裘》《笠翁十二楼》等古典小说，一面去看拉船的、挑担的、卖货的等的形体动作，甚至花街妓院他也去逛。因此，曾经有人说"薛义安心看花了"。

有时他想上台表演，又怕出丑闹笑话，于是他请了拉琴的朋友，来家为他的表演配乐，他对着穿衣镜学眉眼做工、练唱、练腔、练功。他认为自己未达到炉火纯青，焉能不当众出丑？连自己看了都不满意，观众绝不买账。他认为什么叫"炉火纯青"呢？应当是唱、讲、做、默都要惟妙惟肖。

20世纪40年代，成都川剧界有几个折子戏，生角人称"四绝"的有康芷林的《八阵图》、刘成基的《赠绨袍》、贾培之的《马房放奎》和薛义安的《三击掌》。

《三击掌》经过薛义安加工，特别动人。本来是王允嫌贫爱富，要与女儿王宝钏断绝父女关系。一般唱来是冷冰冰的，而薛义安始终把天伦之情贯彻到唱腔的每个字和做工的每个细微动作之中。

薛义安在茶坊中常谈道：唱古人，学贤人，要讲气节操守；有人把"戏娃子"列入下九流，我们要改成"上九流"；唱戏是出于观众之爱、同行之情、朋友之义；道德节操最要紧，不可沽名钓誉，不为达官贵人卖弄。他在成都串戏近40年，从没有到军阀、绅士家去唱过堂会。他的徒弟罗国正说："老师家在成都很拮据，有时腊月尾年货未办，他也不伸手向豪商求援。"但在民国20年（1931），家乡梓潼遭旱灾，他与三庆会同行商量，请几位名角同他配戏，两个晚上挣得一千多银圆，他把挣得的钱汇到梓潼救济灾民。

新中国成立后，他被选为梓潼县人民代表，后回成都做四川省文史研究员，执教于四川省川剧研究院。1977年，他于成都去世。

12 国医圣手蒲辅周

蒲辅周，少名启宇，光绪十四年（1888）十二月出生于梓潼县长卿镇潼江村。其祖、父皆以医为业，闻名乡里。蒲辅周初读私塾，1903年始随祖、父学医，经两代人精心指点，口传心授，尽得家传之秘。

一位日本友人告之本籍某老先生家藏有日本学者所著

蒲辅周头像

《皇汉医学》，蒲辅周备礼三顾，感动老先生，遂应允借书一月。辅周得书后，爱不释手，日夜精读，边读边抄，得益良多。他阅后叹息说："外国人尚对中医有如此精深研究，中国人岂能自弃？"自此，献身中医之志益坚。1908年，他在县城杏林药堂举行学医出师仪式。为"辅助贫弱，周济病人"，他改名为"辅周"。

蒲辅周独立应诊后，请诊者不绝于门。祖父告诫他"医乃仁术，能活人，亦能杀人。其业不精，即成庸医，再学两年，方可应诊"。遵教诲，他断然闭户停诊，研读《内经》《难经》《伤寒杂病论》《金匮要略》《千金方》《外台秘要》等著作，博览前世各家医书，医术大进。同时，他又广交游，拜名师，采众长，收民间秘方验方。本籍著名眼科专家龚老，远近知名，他主动帮龚老制药数年，龚老感其诚，临终前将"九子地黄丸"秘方传授于他。他又得另一老医生"白损丸"秘方，后来在成都，他与草医张东友、眼医朱震川友善，得秘方"五秋散"。

1934年3月，梓潼各界推举蒲辅周做一区区正。他认为宦海生涯有违宿志，后得父许，到成都避居。他先入成都国医公会训练班，毕业后寓居鼓楼北三街、暑袜北一街158号开业行医。同年冬，成都温病流行，他的处方初有"麻黄"，病家忌服，他审时度势，将"麻黄"研为粉末，以"引子"入药，病家服后即愈，于是名噪省城。

1938年，蒲辅周兼任成功中学校医。此后数年，他主要从事药物炮制，药剂多在成都"泰山堂"等店销售，疗效甚佳。1945 年成都阴雨低湿，麻疹流行，同行多以"辛凉宣透"常法医治，均不见效。他认为夏热多雨，湿热交蒸，疹毒郁闭不宣，非通阳利湿不能治。诸医试之，皆获良效。成都青龙场一妇病危，诸医拒开处方。他用反药正治，使之肝血舒畅而病愈，病家送"起死回生"旗感谢他。

在成都行医期间，蒲辅周崇尚四川名医杨栗山所著《寒温条辨》，从中获益颇多。后来他总结的"辛凉透邪，逐秽通里，清热解毒，开窍豁痰，镇肝熄风，通阳利湿，生津益胃，清燥养阴"治疗"乙脑"八法，就是在总结杨氏等温病学家理论基础上，结合自己实践经验提出的。

1950 年，蒲辅周加入成都东城区联合诊所，并当选为东城区人民代表，后受聘于西南铁路医院。1956 年 1 月，他被调入北京卫生部中医研究院。8 月，北京出现流行性乙型脑炎，诸家医院用石家庄等地经验"清热解毒、养阴"，以输氧、青霉素注射和中药白虎汤等法治疗，均不见效。他以卫生部专家、防治"乙脑"工作组成员身份，指出北京与石家庄气候暑湿之差异，提出宜用解湿热的芳香透气之药，湿去热自退。试之，果如其言。同年 9 月 4 日，《健康报》用头版标题报道"运用中医治疗温病原则治乙脑炎，北京不少危重脑炎病人转危为安"，蒲辅周治疗流行性乙型脑炎之事在全国传为佳话。

蒲辅周行医 60 余年，对妇科、儿科、腺病毒炎、冠心病、肿瘤等多种疾病的观察研究，累积医案数十册，先后发表《参加治疗流行性乙型脑炎的一些体会》《流行性乙型脑

炎中医辨证施治的一般规律》等论文。其学术成果有学生高
远辉整理的《中医几种急性传染病的辨证论治》《蒲辅周医
案》《蒲辅周医疗经验》及其子蒲志孝编辑整理的《蒲辅周
医话》等。

1956 年后，蒲辅周担任周恩来总理等中央领导人及国际
友人的医疗保健工作，以其精良的医术赢得了国际友人的赞
誉。1962 年，他加入中国共产党后，担任卫生部中医研究院
党委委员，并先后担任中医研究院内科主任、副院长，国家科
委中医专题委员会委员，中华医学会常务理事，政协全国委员
会第三、第四届委员会常务委员，第四届全国人大代表，中国
农工民主党中央委员等职。1975 年 4 月 29 日蒲辅周病逝于首
都医院，享年 87 岁。周恩来总理夫人邓颖超亲笔题词："中国
名老中医蒲辅周同志，医学深博，经验丰富，临床效果极好，
值得学习。多年来我和周恩来同志受益颇多，特致数行，表示
对他的深切缅怀，崇高敬礼！"

13 川菜名厨史正良

出生于梓潼县的中国烹饪大师史正良，曾任过三届中国烹
饪协会副会长，现任中国名厨委员会副会长。

史正良出生于 1946 年，祖籍梓潼县交泰乡，家住县城正
北街。1961 年，他小学辍学入厨，2006 年在绵阳市饮食服务
公司副总经理职务上退休。

从厨 50 多年的史正良把毕生精力贡献给了烹饪事业。他

不仅精通中式川菜的烹制，旁通鲁菜、苏菜、粤菜、宫廷菜肴，而且在厨政管理、饭店经营、烹饪教学等方面也颇有心得。

学习和继承是振兴川菜的基础。20 世纪 60 年代初，史正良师从川西北名厨魏兴国、刘永见。1964 年，他拜川菜名厨蒋伯春为师，在成都川菜培训基地"芙蓉餐厅"深造。70 年代，他参加了国际国内若干烹饪高级培训班。80 年代，他被选送沈阳"御膳酒楼"学习宫廷菜，并得到清末宫廷御厨唐克明大师嫡传。史正良所收集的大量老川菜资料，对研究川菜的历史沿革、传承走向是宝贵的财富。

研发和创新是川菜"走红"的关键。多年来，史正良在继承挖掘川菜历史的基础上，十分重视研发和创新。他的"水煮鱼"红遍四川，他的"菊花鱼"香飘全国。他首创的"太白诗酒宴""中华文昌宴""桔梗养生宴""田园百鸡宴"等系列宴席一时间成为一些饭店的招牌，带来了巨大的社会、经济效益。他先后撰写了 80 多篇文章，发表在《中国烹饪》《餐饮世界》《中外饭店管理》等 12 家报纸杂志上。他已出版《创新川菜集锦》《中华名厨史正良烹饪艺术》《四川豆腐菜》《海鲜川菜》等 22 部烹饪专著。

培养学生和传道授徒是弘扬川菜文化的重点。十多年来，史正良担任过全国各地 200 多个高、中级烹饪培训研讨班的主讲，有 3 万多名学生听过他的讲课。正式拜师的徒弟共 3 批 61 名。他培养的徒弟和学生在参加世界和全国的烹饪比赛中荣获各类金牌 78 枚、银牌 8 枚、铜牌 12 枚。他参与研发的世界第一台"厨师机器人"已亮相中央电视台,正式投放部队和大专院校。

曾经荣获过商务部首批"中华名厨"称号和四川省委、省政府授予的"优秀人才""劳动模范"的史正良,于2012年又一次被中国烹饪协会授予"中国餐饮事业卓越贡献奖",中国烹饪协会评价史正良为"当今中国川菜的领军人物。他在弘扬中华烹饪技艺的路途中,又是一位传播大使,一位中国烹饪界屈指可数的多产作家"。

史正良接受采访

四 璀璨文化耀"帝乡"

1 文昌文化

文昌文化是以民间对文昌帝君信仰和崇拜为表征，以儒家思想为骨骼和主干，以道家思想为源头和血脉，以佛教思想为涵纳和补充的中国传统文化的集大成者，素有"北有孔子、南有文昌"之称。

文昌文化源于民间对文昌帝君的信仰。文昌帝君，又称梓潼神、梓潼帝君，是道教尊崇、民间信仰、帝王封赠、文人士子顶礼膜拜的司禄主文运的神灵。

文昌文化内容深广，它包含天人合一，以人为本，人与自然和谐，天资孝友，灏气宏仁，启智开愚，救人之难，济人之急，悯人之孤，容人之过，广积阴骘，上格苍穹，行时时之方便，作种种之阴功，修善修福，利物利人，正直代天行化，慈祥为国救民，忠君孝亲，敬兄信友，广行三教，报答四恩，矜孤恤寡，敬老怜贫，劝善止恶，重教崇文等思想精神，集中体现在《文昌帝君阴骘文》等经籍中。其表现形式有以下几种。

文昌经籍

据载，在南宋隆兴、乾道年间（1163～1173），南宋蜀中道士刘安胜（假托文昌帝君扶乩降笔而编撰文昌经传的肇始者）传道于七曲山一带，在此编撰推行了《文昌大洞仙经》《大洞法箓》（《大洞法》和《大洞箓》）。在乾道末年至淳熙末年（1173～1189），刘安胜到了成都，主持宝屏山玉虚坛，在此编撰推行了《清河内传》《文昌化书》（又称《梓潼帝君化书》和《文昌司禄紫阳宝箓》）。之后，历代效仿者先后编撰的文昌经籍、经文不少于100种，仅清初刘樵所辑的《文昌帝君全书》就有50种。

文昌经籍的结构，大体是按陆修静、孟智周两位法师的归类，形成"三洞、四辅、十二类"的体系，包括以下七个方面。

关于文昌帝君梓潼神信仰的产生、形成的神话传说故事；

关于文昌帝君梓潼神的来历、生平事迹、演绎变化的叙述；

关于文昌帝君梓潼神的神性、神格、神职与灵迹传说；

关于文昌帝君梓潼神经籍文书内容、宝诰灵签、符箓的载记；

关于宣传道教对人生和宇宙的看法，体现文昌梓潼神的宇宙观、世界观、伦理观等哲学伦理思想；

关于宣传儒家的孝友、仁德思想，忠君孝亲、积功累德的劝善教育；

关于道士修行实践、修持形式、修炼方法，包括宗教仪规、民俗文化等方面的内容。

洞经音乐

《太上无极总真文昌大洞仙经》简称《文昌大洞仙经》，道教《大洞真经》传本之一，出自西蜀，原经五卷，以济生度死、消灾延寿为宗旨，强调设斋诵经、行善积德为修行之要，劝人安守本分，实为宋元时期道教劝善书之一。

文昌洞经音乐源于弹演《文昌大洞仙经》，是以崇祀文昌梓潼帝君为主的音乐。经文弹演时，往往采用说唱相间、散韵结合、叙述与赞颂交织的形式，以梓潼七曲山的庙事活动为背景，以劝善戒恶、济生度死、消灾驱邪、延年益寿为宗旨，强调忠、孝、仁、慈，积善积德。

20 世纪 80 年代，梓潼县组织抢救、发掘后，整理编印了《梓潼民间器乐曲集成》一书，其中有 50 余首器乐曲与梓潼文昌洞经音乐有关。

1998 年，发掘整理的器乐曲牌有 40 余个，同时，许州镇有 30 余人的乐队在演奏这些曲子。使用的乐器有笛子、唢呐、二胡、板胡、碰铃、檀板、小锣、小鼓、木鱼、小磬等，演出前先诵《文昌赞》和一段《文昌大洞仙经》。

2000 年，梓潼洞经古乐发掘收集小组与美国李海伦、云南雷洪安、四川音乐学院甘绍成、四川大学王兴平等专家收集到文昌洞经曲谱 30 余首，同时还收集到《文昌大洞仙经》3卷《文昌赞词》等。

2003 年，梓潼聘请甘绍成等专家对文昌洞经音乐进行研究整理，从百余首曲牌中整理出 30 余首作为梓潼七曲山文昌洞经乐团演出时的常规曲目。主要有《赞文昌》《柳叶青》《上香曲》《香山顶》《哭皇天》《云里白》《普安咒》《步步娇》《水龙吟》《水落音》《山坡羊》《正行香》《接送曲》《汉东山》《登天梯》《山开门》《南清宫》《反南清宫》《万年红》《文昌出巡》《将军令》《桂香颂》《武陵花》《洞经》《七曲》《五福图》《士子腔》《五丁关》《得胜令》《金狮子》《染红尘》《敬亚子》《奉天乐》《浪淘沙》《起驾出銮》《坛祭》《天女散花》等。同年，梓潼七曲山文昌洞经乐团应邀到北京演出，并由中央四台播映，引起有关专家学者的重视，并获得好评。

2008 年 6 月，文昌洞经音乐被列入国家级非物质文化遗产名录。

文昌祭祀

据《华阳国志》，秦汉时期，梓潼山上就已建造了祭祀树神、蛇神、雷神的"善板祠"，以后称恶子祠或亚子祠。据史料记载，第一个祭祀梓潼神的大人物是后秦皇帝姚苌。

天宝十五载（756），唐明皇避乱入蜀，夜宿梓潼，梦叛乱已平，结果应验，遂封张亚子为"左丞相"，要朝臣祭拜。

第三次最高规格祭祀文昌的是唐僖宗。唐僖宗李儇入蜀走到广元桔柏渡，夜梦张亚子请缨杀敌、平叛。于是他以为有神助，在七曲山大庙祭祀文昌，封张亚子为"济顺王"。

南宋时期，高宗下令将七曲山大庙改为灵应祠，追封张亚子为"神文圣武孝德忠仁王"，下令以王宫格局改建灵应祠。

元明时期，元仁宗封梓潼神为"辅元开化文昌司禄宏仁帝君"，梓潼神与文昌神合二为一，正式被称为文昌帝君。

明清时期，文昌信仰发展至鼎盛时期，"天下学官皆建立文昌祠"，祭祀文昌。梓潼民间有专管祭祀的会首、拜香团、文昌乐团等。清乾隆年间（1736～1795）梓潼七曲山文昌宫正门高悬"帝乡"牌匾，正式向世人宣告：梓潼七曲山大庙文昌宫是文昌祖庭，从此，文昌祭祀进入官民合祭的高潮。清嘉庆六年（1801）文昌祭祀被列入国家祀典，清咸丰六年（1856）升入中祀，自此，梓潼七曲山大庙文昌祭祀进入鼎盛时期。

文昌祭祀分为道教祭祀、官方祭祀、民间祭祀和官民合祭四种。

道教祭祀。道教对张亚子推崇备至，自然少不了祭祀科仪。从唐宋至明清，制定有《道门科范大全集》《文昌主禄拜章道场仪》《文昌祈禄本醮》《梓潼帝君醮科》等，并按仪设坛祭祀文昌。

官方祭祀。文昌虽为道教之神，但有极为浓厚的儒教色彩。从祭祀特点看，官祭倾向性很强，春、秋二祭最能体现。春祭是祭祀文昌帝君的重大祭典，在文昌生日（每年农历二月初三）当天举行；秋祭是清乾隆四十四年（1779）后，在梓潼逐渐兴起，每年农历八月初一举行，相传为文昌修成正果之日。

民间祭祀。相对于官方祭祀和道教祭祀，民间祭祀文昌的历史更为久远，形式和内容也更为多样化。每年两季庙会定期不变，历久不衰。

官民合祭。迎神会（又称文昌出巡、迎梓潼神等），是梓潼解放前春节重大的官民合祭文昌帝君的活动，分城乡两地朝拜，每年农历正月十二，人们把文昌及圣父、圣母、城隍等从七曲山大庙迎接到梓潼县城过年，在县城文昌宫唱大戏，并供奉七天，让文昌"与民同乐"，正月十八又将其送回大庙山供奉。数百年来迎神会已成习俗，直至1950年为止。

文昌庙会

文昌庙会源于文昌祭祀，梓潼七曲山大庙每年有两次庙会，即农历二月初一至十五日和八月初一至十五日。这两次庙会是梓潼民间规模最大、时间最长、参与人数最多的大型民俗文化活动。至2013年，文昌庙会已历1081届。

文昌庙会由宗教信仰开始，进而发展为民俗文化，也可说是一种庙会文化。文昌春季庙会始于南宋乾道年间（1165～1173），文昌秋季庙会主祭文昌帝君化身的瘟祖，始于清乾隆四十四年（1779）。

据《梓潼县志》，每年庙会之际，由会首将庙会筹备情形向知县详呈。庙会第一日早晨，各行业首事及县内各官绅，由知县领衔到大庙文昌正殿行礼如仪。第二日，县内外举人、秀才结队前来，用八抬大轿抬着文昌神像，在音乐声中，巡视庙宇四周，俗称"举子祭游"。自此，县内及外州县的拜神者络绎不绝。整个庙会期间既娱神也娱人，各地川剧班子也在大庙四周的天封寺、魏崇庵、青龙寺、火神庙、永济寺、长卿山等处万年台（戏楼）唱戏，名曰"唱四方，拜诸神"。

其间，庙会备有简易席桌，用两三斤猪肉加入大量蔬菜做成5小碟10大碗的油席，价格低廉，就食者众，前席尚未食毕，后来者已环立四周。

　　此外，梓潼商帮及绵州、汉州、剑州、潼川（三台）、顺庆（南充）、保宁（阆中）及陕、甘南部商帮都在城内摆摊设点，划定地点，不得"侵位占行"。一季庙会的商品交易税收，往往胜过一年的农商税收。1987年以后，梓潼还多次举办"梓潼县秋季大庙商品交易会""文昌民俗艺术节""中华文昌文化学术研讨会""海峡两岸文昌文化交流活动""海峡两岸文昌文化研讨会"等。

　　文昌出巡

　　文昌出巡，同春秋祭典一样，是文昌崇拜的重要内容之一。文昌出巡又叫"迎神会""迎梓潼"，俗称"接神"。它是随着文昌帝君信仰而形成的一种民俗文化活动。

　　每到农历正月十二凌晨，县城内及周边居民都早起沐浴更衣，城内居民设迎神香案于自家门前，香案桌上系以红色绣花绸缎，放置香炉，左右置以蜡台，点以红烛；门首悬挂大红宫灯，各家各户门前放置新鲜嫩柏枝丫，用干柴引燃熏放烟雾。晨7时左右，城内遣派的一名年轻士绅，身穿长袍马褂，头戴礼帽，背背印盒，前胸挂如意，跨上骏马，经县城至上山官道，飞奔直上七曲山大庙，按预定程序与山上会首诸人接洽，恭请文昌帝君乘神轿起驾。约上午9时，梓潼知县率领僚属、士绅等，用饰以红色呢缎的大轿，抬上主管县城阴曹地府及神鬼之事的梓潼城隍神像，在鞭炮奏乐声中，来到县城北接官厅口，恭迎文昌帝君神轿到来。大轿有圣父、圣母、文昌和城隍四乘大轿，轿前有 4 名扮成宫女模样的年轻女子，手提香炉，内燃檀香，香烟四溢；轿后，也有两名宫女模样的女子，各手执一把用孔雀、金鸡等羽毛制成，上面缀以珠翠等饰物的日月扇。每乘大轿后均有 3 个乐棚，有由丝竹管弦组成的细乐队，乐队多由各善堂佛学社的人组成；还有由锣鼓和钹镲打击乐器组成的粗乐队，多由剧团乐队和"玩友"组成。锣鼓喧天，吹打弹奏，四乘大轿在悠扬的乐声中徐徐前进。

当文昌及圣父、圣母和城隍四乘大轿经过城中每户人家时，户主即率领全家人等焚香点烛、鸣炮叩首。浩荡的迎神队伍游完全城后，文昌神像就入驻县城文庙东侧的文昌行宫。

在文昌迎神会当天，文昌行宫的万年台（戏楼）开锣唱戏酬神，上演的剧目有川剧《群仙会》等，寓意向文昌帝君等敬贺新年。正月十五日元宵节，歇驾于文昌行宫的瘟祖神像，要被请出巡游全城，意为驱除邪恶瘟疫。数十个年轻人抬着瘟祖神像，在锣鼓声中巡游全城各街巷，入夜，有青、黄火龙出动，增添节日热闹气氛。正月十八日一早，县衙官吏和会首执事们以及信众，齐集县城文昌行宫，待和尚、道士做完起程仪式之后，由事先安排好的仪仗队开道，恭送文昌帝君返回七曲山文昌宫祖庭。此种梓潼文昌出巡民俗文化活动直至1950 年才废止。

从 20 世纪 90 年代起，随着文化旅游事业的发展，梓潼通过举办文昌文化艺术节等方式，按传统仪式，去粗取精，再现文昌出巡仪仗队伍，他们从七曲山向县城进发，并在县城主要

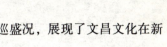

街道游行，再现了传统的文昌出巡盛况，展现了文昌文化在新时期的新特点、新形式、新内容，为弘扬文昌文化谱写了新的篇章。

2 神话传说

五丁开通秦蜀道

五丁是蜀王开明十二世负力帐下的五个壮士，弟兄五人出生于武都山玉龙溪。

在梓潼县城以北 5 千米七曲山山麓五妇岭上至今犹存的"五妇庙""五丁祠"，流传着一则凄美悲壮的传奇故事。

传说周显王三十二年（前 337），蜀王开明十二世负力到汉中、南郑等地打猎，与秦惠王不期而遇。秦惠王送给蜀王负力一笥（方形竹篮，陈放礼品之物）黄金。蜀王对秦王心有不满，想趁机侮辱他，便回送给秦王一包泥土，意为秦王贱如粪土。秦王气愤不已，就想派遣军队擒杀蜀王，消灭蜀国。

群臣知道后，向秦王献计，说蜀王是一个好色贪财之徒，要秦王许诺给蜀王赠送五头能屙黄金的石牛和五个貌若天仙的美女，希望蜀王打通"难于上青天"的蜀道来迎接。

蜀王闻报后非常高兴，命令五丁负责开通秦蜀通道。于是，五丁带领数万官兵和民夫，披荆斩棘，逢山开路，遇水搭桥，耗时两年，耗费了许多人力、财力，终于打开了秦蜀通道。

蜀王立即派遣五丁前去迎接石牛和美女。先是迎接那五头能屙黄金的石牛。回蜀后，蜀王发现石牛不能屙金，便遣使前去责问秦王，秦王称可能是水土不服，石牛在秦地能屙金，在蜀地却不能屙金。于是，秦王如约答应送给蜀王五名美女。蜀王马上忘掉了先前的怨恨，急不可耐地又派遣五丁前去迎接。在回蜀国的途中，五丁一行人簇拥着五位美女行至梓潼七曲山下，突然被一条大蛇拦住了去路。五丁中一人奔向大蛇，擎住蛇尾，用力往外拖，大蛇却丝毫不动。于是五丁合力拽住蛇尾，大蛇见状迅速向洞口爬去，五丁哪容得它有丝毫喘息机会，大声吼叫着"拽蛇"，一起用力，与大蛇一进一退反复僵持着。突然，一声巨响，山崩地裂，鸟飞树倾，乱石飞溅，转瞬间，五丁和五女全被覆压于山下，大蛇也不见了踪影，只剩下形似美女的五个山岭矗立在七曲山麓。蜀王闻讯后悲痛交集，空欢喜一场，国力因此衰竭，国门大开，给予秦国消灭蜀国的可乘之机。周慎靓王五年（前316），秦遣张仪、司马错和都尉墨等率军从金牛道攻打蜀国，蜀国灭亡，被并入秦国版图。

"娥眉欣然离秦廷，为求至尊西蜀行。不识秦王美人计，未入蜀宫先丧魂。"《五妇岭怀古》这首古诗道出了其中的玄机。后来，唐代著名诗人李白在《蜀道难》诗中慨然感叹："地崩山摧壮士死，然后天梯石栈相钩连"。

张公张婆

相传，张公、张婆为结发夫妻，为人忠厚，心地善良，年过半百，膝下无子，打柴为生，相依为命。

一日，夫妻二人在碗泉山（今剑阁县境内）打柴时，在泉边喝水乘凉，不禁感叹人世艰难，生活之艰辛，二人虽无一儿半女，但感情深厚，希望来生再为夫妻。于是他们相约针扎中指，血流入碗形石窠中，跪地求拜。上天感念夫妻恩爱、为人忠厚，敛二人之血，遣文昌化作一条红虫游入石窠之中，夫妇见后十分惊喜，以后每天都要去采食投喂。

　　红虫渐渐长大，石窠已不能容纳，夫妇就将其抱回，放入家门前池中喂养，日夜呵护，红虫渐修成正果，即为文昌帝君。文昌帝君升天为仙，时常感念父母喂养之恩，却不能侍奉左右，担心父母砍柴时来去过河、爬山劳累，便派天神在空中随行鼓乐、持幡，接送张公、张婆。此事被当地州官知道后，想借机把自己在任之时贪污受贿，祸害百姓，惹得天怒人怨所造成的多年旱涝天灾都推到张公、张婆身上，诬其是妖魔所化，将其下狱，严刑拷打。文昌闻知父母狱中受苦，顿时肝胆俱裂，一时性起，降临七曲山望水亭，向北连射三箭，将涪江河堤射了三个洞，名曰"白杨洞"，涪江水顿时从白杨洞口喷泻而出，形成波涛汹涌的潼江洪水，淹没了许州。文昌派人砍伐两棵硕大的梓树，让父母骑坐在上面，漂至七曲山下，得以获救。两棵梓树沉于河中，化为乌木，此段河后被称作乌木滩。

　　文昌为救父母借水淹许州之事，虽为神话，但在当地广为流传，潼江中上游多处建有"圣父庙"，专祀张公、张婆。

3 景观胜境

七曲山大庙古建筑群

七曲山大庙，位于梓潼县城北9千米，古名"善板祠"，唐代改名七曲寺，南宋又改名灵应祠，元改文昌帝君庙，明改称太庙。自唐宋两代皇帝将梓潼神追封为"王"后，地方政府即从南宋绍兴十六年（1146）开始，按王府格局续修七曲寺，又名"灵应祠"。

七曲山大庙经历代维修扩建，形成结构宏伟、体系完整的古建筑群，占地1.3万平方米，建筑面积6000平方米，保护区面积21.3万平方米，今存元、明、清三代的殿宇楼阁23处。其中，元代建筑有盘陀殿、天尊殿；明代建筑有家庆堂、桂香殿、风洞楼、白特殿、关圣殿、八卦观象台、启圣宫、晋柏石栏、望水亭、瘟祖殿；清代建筑有正殿、百尺楼、灵宫殿、三霄殿、应梦床、钟鼓楼；民国时期建有时雨亭、五瘟殿、客院；新中国成立后建有晋柏亭、观音堂等。

文昌宫建筑

文昌宫，经元、明、清三代维修扩建构成了宫观群整体，它大体遵循道观建筑理论和法式的布局，按照乾南、坤北、天南、地北方位定向，建筑布局以子午线为中轴，坐北向南，两侧是日东（钟）、月西（鼓），坎离对称，再向中轴线左右两侧的建筑群延伸，以应木、火、金、水四正，加上中央土，五行俱全。南北中轴线上设有文昌正殿、桂香殿、天尊殿三层，其由由低至高的台阶连接，每层十丈以上，以示对道家主师的崇敬。正殿两侧为钟鼓楼，以供世俗鸣钟击鼓，仰拜文昌。再左右伸延，谓之配殿，左启圣、右关圣，两圣护卫，他们代表主宰人间的功利是非。按地势高低错落，风洞楼、讲经楼（已拆毁）在左，精思院、斋堂、药圃在右。其建筑方位参差不等，左右皆为环形或半月形，均以石梯衔接。文昌宫古建筑，还继承发扬了传统结构"高台榭、美堂殿"的手法，通过复杂的柱、梁、檩、拱结构工艺，实现"五步一楼，十步一阁，廊腰缦回，檐牙高啄"的意境，从而形成立体空间的神仙庭园，有深幽莫测、朦胧无尽的意境。这正是中国绘画艺术馨美构思的特点。

百尺楼

一进大庙正门，便是明代被誉为"西蜀名楼"的百尺楼，时人称此楼可与湖南岳阳楼和湖北黄鹤楼相媲美，明末毁于战火，清雍正十年（1732）重建。全楼 3 层，高 100 尺，由 46 根冲天大柱凌空托起。百尺楼后左侧为正殿，此殿雕梁画栋，半拱含花，金碧辉煌。正殿后的桂香殿为典型宫苑式建筑。正殿北侧的白特殿原是秦代的善板祠，明太祖洪武十四年（1381）改建为"白特殿"。此殿采用积木手法叠垒而成。其他各殿风格各异，既有古代王宫殿宇的庄严肃穆，又有山水园林的淡雅秀丽。

天尊殿

天尊殿，在建筑学家梁思成的《中国建筑史》一书中有，在院内最高处，结构较为宏丽，殿广三间，深四小间，单檐九脊顶。其中，斗拱之分配，前面单抄双下昂，背及西山侧仅在柱头施护挑梁，为鹫峰寺兜率殿之制。其前面斗拱两昂不平行，第二层昂尾挑承于平博之下，内部梁架做叉手，梁栿上施蜀柱及十字斗拱，与元代宣平延福寺大殿颇有相似之处。

盘陀殿

盘陀殿，在正门北侧，阔、深各三间，单檐歇山式，黄色琉璃瓦屋顶，平面近似正方形，总体造型比例匀称，梁架结构简练。1957 年，盘陀殿被四川省人民政府列为文物保护单位；1986 年，被国务院列为全国重点文物保护单位。

关圣殿

关圣殿，始建于明末，为张献忠拨银修建，距今 340 年。重修于清代乾隆五十三年（1788），后又培修于清咸丰十年（1860）。重建时，殿宇大体上保留了元、明时代建筑造型的特点，并结合了清代中叶流行的建筑手法，有古朴典雅、雄伟壮观的风貌。殿基呈正方形，通面阔三间，进深三间，明间是补间的 1.5 倍，建筑面积达 225 平方米。屋顶单檐歇山造，屋面覆盖绿色琉璃瓦；脊饰火珠，上竖铁质单寿字，两端饰衔脊鸱吻，各带及脊饰均为黄色琉璃瓦，其造型为元明时代风格。殿内正上方悬挂"天大将军"一匾，字体遒劲雄放，为七曲山书法艺术之珍品（此匾左方署名为清代湖南提督杨芳）。中悬"万古人极"一匾（俗称木渣子匾），九龙花边，上涂变色颜料，色彩一日数变，传说是道光皇帝旻宁御赐。门厅前内外柱上楹联各一副，内联为"秉烛非避嫌，此夜心中惟有汉；华容既感德，当年眼底已无曹"；外联为

"赤面秉赤心，赤兔追风，驰骋时不忘赤帝；青灯观青史，青龙偃月，隐微处无愧青天"。

关圣殿

拜厅

拜厅，紧接关圣殿，系清代咸丰十年（1860）冬月重修，建筑造型为清代式样，卷棚式顶，硬山造，通面阔三间，进深三间，建筑面积为139.5平方米。厅内柱间铺作及补间铺作置装饰性斗拱，其翼形为拱变形花牙子雀替。拜厅前建一皋门。两侧仍仿帝王宫阙仪制，设左右戟门，门额悬挂"关帝庙"新制华带匾。

文昌宫正殿、桂香殿有明崇祯时期的十尊生铁铸像。最大的文昌像高达一丈四尺，重约30吨，其余神像面形丰满，体态匀称，彩饰全身，工艺精湛，毫无瑕疵，为川中所少见。还有十二幅石雕、木雕的文昌行吟、求道、救苦难、讲经等壁画，皆风度飘逸，比例恰当，线条流畅。现留存宋代五足鼎、空心铁铸高型花瓶。石碑有 20 多块，如《平白莲教碑》《除毁贼（张献忠）像碑记》《剿灭蓝大顺碑记》《重修家庆堂碑记》《种柏碑》《果亲王书法碑》等。

文昌宫内，古柏若盖，有风洞楼侧石梯旁"千年长寿柏"、时雨亭前"天尊柏"、家庆堂侧"张献忠柏"，尤其是在桂香殿前的四株等距并列的千年丹桂，虬枝凌空，连丫伞盖，中秋桂花开，香飘十里，闻之沁脾舒畅。此外，在盘陀殿南侧，还有相传张亚子亲手所植的柏树，后人称之为"晋柏"。

七曲山大庙现存的诗文较多，主要有桂香殿石壁上的"文昌帝君阴骘文""文昌化书"，正殿的"文昌春秋祭祝文""升人中祀告祭祝文"。唐王铎《谒梓潼张亚子庙》："盛唐圣主解青萍，欲振新封济顺名。夜雨龙抛三尺剑，春云风入九重城。剑门喜气随雷动，玉垒韶光待贼平。惟报关东诸将相，桂天勋业赖阴兵。"清代严祖馨《甲戌春二月谒文昌庙》："绝顶拜文昌，山盘七曲长。桂风生石洞，松雨过藤床。孤峰晨僧出，一声清馨凉，春阴无限好，都在晓峰旁。"清代陈本植《雨后风洞楼远眺》："层楼坐对绿荫浓，万古迷离古径通。入树鸟声惊唤雨，出山云气真凌空。岚光净洗千重翠，洞水新添一尺红。洞口人稀仙迹在，凭栏几度啸春风。"清代张香海（时任梓潼知县）《七曲晴岚》："梓林潼水地钟灵，雨过晴岚满眼青。松桧千章开画幅，峰峦七曲叠围屏。闲中屡着穿云屐，高处远瞻望水亭。四面烟云常缭绕，张星大洞有遗经。"各殿堂亭阁有百副楹联，以木雕和石雕镌写，名人书法有清代包弼臣、彭聚星、岳钟琪、果亲王（爱新觉罗·允礼）、屠用谦、朱帝、何昭然、桂梁材、刘国策、何绍基、赵彦、张香海、杨芳等，明代何光裕、戴鳌、金皋、高简等，还有民国时期林森、戴季陶、于右任、谢无量、张群的书法。

现存的《向玄宗托梦》《文昌回銮》《文昌文房四宝》《文昌出巡》等文昌壁画以及近人重补壁画十幅，分布在应梦床、盘陀殿和天尊殿内。宫内壁画最大者，为三米见方以上。

三国蜀汉胜迹

梓潼，地处金牛蜀道险夷衔接处，是中原文化与巴蜀文化交会处，军事、商旅交往频繁，特别是三国蜀汉时期络绎不绝。当时蜀汉北伐曹魏有三条道路：一是米仓道，从南部、巴中、南江、陕西，直入南郑地区；二是阴平道，从绵阳、江油、平武、青川、翻摩天岭到甘肃文县；三是金牛蜀道，从绵阳、梓潼、剑阁、广元越白水，进入陕西宁强，经勉县到汉中。这三条路比较起来，米仓道窄，阴平道险，唯金牛蜀道较宽、较近。因此，蜀汉政权设郡于梓潼，长期重点经营金牛蜀道。古往今来，无论金牛蜀道，还是剑南蜀道，梓潼都是一个无法绕开的要地。而作为蜀汉故地的梓潼，三国故事源远流长，三国人物家喻户晓。如"刘备定蜀分广汉""蜀汉北伐戍演武""武侯屯兵卧龙山""张飞植柏过瓦口""关帝并祀文昌宫""李严贬庶居梓潼""蒋琬规方在梓潼"等三国故事和遗址，早已名扬华夏，远播海外，可谓三国蜀汉梓潼胜迹多。

北伐演武遗址

建安十九年（214）刘备定蜀之后，为占据汉中，对抗曹魏，分割广汉郡北部地区，在有重要战略地位的梓潼新设置了梓潼郡。为嘉奖霍峻坚守葭萌之功，霍峻受令担任梓潼郡太守，升为裨将军。当时梓潼郡辖有梓潼、剑阁、汉寿、白水、涪县、昭化、汉德七县，梓潼扼川北咽喉，"千里天府，此为屏障"，是三国蜀汉之川北军事重镇。建安十九年，刘备从葭萌关（今广元市昭化）进攻成都，兵临梓潼，县令王连闭城不降。《三国志·蜀志》记载："先主起事葭萌，进军南来，连闭城不降，先主义之，不强迫也。"刘备将大军驻扎于梓潼城东御马岗，至今仍有"拴马桩""饮马缸"遗迹，御马古刹牌坊有楹联云："继承汉统驰骋疆场运筹帷幄驻跸御马，光复基业纵横寰宇羽翼扬威齐挥金戈。"刘备率数万大军，王连一个小小县令，兵不盈千，敢与之抗衡，忠勇胆识，实在是过人。刘备绕城直取涪县，梓潼县城得以保全。刘备定蜀后，反而重用王连，升其为蜀汉司盐校尉，专掌盐铁，后其又因功拜屯骑校尉，领丞相长史，后又被封平阳亭侯。

据《三国志·蜀书·后主传》，历史上的诸葛亮总共有5次北伐，只有2次兵出祁山。诸葛亮北伐而梓潼演武铺是必经之路。蜀汉建兴六年（228）春，诸葛亮首次北伐之前，曾驻兵于此，并在此演练兵马，至今还保留有当年蜀军演武厅、烽火台、六角亭遗址。位于演武场北的演武坝，长约300米，宽数十米，可容千余人操练，至今坝址仍存。演武铺原名阳沔戍，因诸葛亮在此驻军演武，此地又扼蜀道咽喉，为军事要地，为纪念武侯在此操兵演武，就更名为演武铺。建兴九年（231）春，诸葛亮再次兵出祁山，鉴于前4次北伐多因运粮困难而被迫撤军的教训，诸葛亮根据梓潼"平去坡来"的蜀道特点，采用木牛运粮。《晋汉春秋》云："章武九年春二月，亮复军围祁山，始以木牛运。"在演武以南，路平，使用马车运输；以北，山路陡窄，使用独轮车（又名木牛）运粮，一人运输可供百人食用。梓潼人胡忠、杜睿在李撰的指导下，善造木牛流马。博学多才的李撰亦是梓潼人，"撰具传其业，又从尹默讲论义理、五经诸子，无不该览。加博好技艺算术、卜数、医药、弓弩机械之巧"，因此，胡、杜造木牛流马，李撰做了技术指导。相传在梓潼县城、演武铺等地有制造和维修木牛的铺子十余家。

卧龙山遗迹

卧龙山位于梓潼城西 15 千米，亦名西山、葛山、亮山。《舆地纪胜》记载："葛山，亦名亮山。旧经云：昔诸葛北伐，尝营此山，因名。"关于葛山山名的由来，民间传说是诸葛亮于建兴五年（227）出兵汉中，让养子诸葛乔与诸将之子领兵转运军粮。一次，诸葛乔贻误军机，被贬到梓潼西山为庶民，第二年病死，年仅 25 岁，葬于卧龙山。从此西山被称为葛山。卧龙山的得名据传说是诸葛亮在此安营扎寨时，曾赞美此山犹如南阳卧龙岗，故得名。

卧龙山下建有牌坊，正门楹联云："望重南阳想当年羽扇纶巾扶季汉，泽润西蜀爱此地名泉佳酿拥灵祠。"门柱前后象牙上塑有"张飞大战张郃""诸葛出兵五丈原""木牛流马运军粮""关公斩华雄"等三国故事。牌坊工艺精巧，古朴恢宏。

卧龙山高约 800 米，山如船形，山顶平坦。山顶西边有一水池，名叫饮马池。相传为诸葛亮的坐骑饮水之处，池前刻有

"孔明泉"三字。山顶东北边,有两株古柏,人称"拴马树"。树下岩石上有一水凼,传说为诸葛亮坐骑急于饮水留下的马蹄印。

从孔明泉东行有石砌古寨门,上方石梁凿"长生门"三字,此为诸葛寨之东门。门有联云:"羽扇纶巾当年曾驱司马,名区胜迹至今尚赖卧龙。"门之南有诸葛亮当年的练兵场,其余寨门已毁,仅存石砌门墙。据说晋代还在此建有诸葛庙,自南北朝以来,诸葛庙屡加修葺,规模扩大,有三重十八殿,明代毁于兵燹,清道光六年(1826)重修,仅两重五殿。遗址还发现有残砖筒瓦及残碑,残碑有楹联云:"香热一炉思汉鼎,花开三月想桃园""志在春秋忠在汉,心同日月义同天""大道今无外,长生讵有涯""圣明显应昭千古,大德流芳遍八荒"。山顶有诸葛亮北伐屯兵的点将台遗址。

卧龙山遗迹

李严祠遗址

在梓潼城南，至今还保存有三国蜀汉官员李严的祠庙。李严，字正方，后改名平，南阳人。《三国志》记载，他年轻时很有才干，曾任秭归县令，深得荆州牧刘表信任。曹操攻占荆州，李严入蜀投奔刘璋，任成都令。后在刘备攻打成都时，李严归附了刘备，之后李严在蜀汉政权中官至尚书令、前将军等职，统内外军事，仅次于诸葛亮。刘备临终前，在白帝城托孤于诸葛亮和李严，让其共同辅佐后主，李严忠实地执行刘备、诸葛亮制定的"兴复汉室，还于旧都"的路线，在北伐曹魏、东征孙吴中，李严皆能鼎力而行，立下战功。章武二年（222）以后，蜀汉政权实际由诸葛亮执政。魏、蜀、吴三足鼎立，然而诸葛亮坚持要问鼎中原，连年征战。李严曾提出先兴业图强，再定天下，但建议未被诸葛亮采纳。

蜀汉建兴九年（231）二月，诸葛亮第四次北伐，进攻上邽（今甘肃天水），五月在卤城附近击败司马懿。在此关键时刻，大雨接连数日不停，李严组织运粮遇到重重困难。李严先派狐忠假传圣旨，表明后方的困难，再派自己的部下岑述催促诸葛亮撤军。李严实在没有想到诸葛亮一生审慎，接到消息后立即就开始退兵。这下李严着了慌，他害怕诸葛亮回到汉中发现真相，会治他重罪，该如何辩护和解脱呢？后主刘禅突然接到前线撤军的消息，急忙派人向李严询问情况。李严不知如何是好，起初他上表说退军是假，诱敌深入是真。但从诸葛亮的来信中，后主知道退兵是真，再度要求李严解释。李严实在是乱了方寸，干脆向后主上表奏云，或许是临阵畏敌，有无故撤军嫌疑。

诸葛亮接到密报，十分气愤，于是给后主上了奏章，以弄虚作假、贻误军机等罪名弹劾李严。八月底，后主下诏免除李严所有官职，废为庶民，流放于梓潼郡。建兴十二年（234）八月二十三日，诸葛亮再度北伐，积劳成疾，病逝于五丈原。已赋闲于梓潼三年的李严，闻知诸葛亮病逝，放声恸哭，他被贬梓潼后，一直期望能让他复出。诸葛亮死，复出无望，李严十分悲伤，极度失望，不久就病死于梓潼。今梓潼长卿山东麓有李严祠遗址。

张飞植柏遗迹

从梓潼北上剑阁，剑门蜀道沿途是苍翠挺拔的行行古柏，远望，好似青翠的云带；近观，如同绿色的走廊。这就是闻名遐迩的"翠云廊"。建安十九年（214），刘备平定益州之后，以张飞领巴西（今阆中）太守。后来张飞又升为右将军、车骑将军，仍镇守巴西。当时战事频繁，必须随时向成都传送羽书。然而从阆中到梓潼一带山势险峻，道路难以辨认，于是张飞便令军士"植柏表道"，从而形成了长达300余里的"翠云廊"。传说张飞下令植柏，是上午栽树，下午就可乘凉，这说明栽的柏树苗大。从阆中一路栽到梓潼七曲山，张飞见蜀道"坡去平来"，不再需要柏树做路标，于是，就令士兵将剩下的柏树苗全部栽在了七曲山上，后来就成了一大片古柏林。此故事虽为传说，而且蜀道不止张飞一人植柏，但民间仍然把植柏的首功归于张飞，翠云廊也就成为一处重要的三国遗迹。如果说三国文化是一条源远流长的长河，那么，翠云廊就是其中一朵绿色的浪花。

古瓦口关遗址

在翠云廊南端，梓潼城北五妇岭上，传说有一处三国文化遗址——瓦口关，石壁犹如刀削，下临潼江，雄奇险要。《三国演义辞典》载云："瓦口关在四川梓潼县城北，这里山峦起伏，是古驿道一隘口。"

瓦口关是桓侯张飞大战张郃之处，古瓦口关有两处：一处在宕渠县（今渠县）宕渠寨，一处在阆中双垭。梓潼瓦口关传说很多，一说张郃掠取巴西后，直下梓潼，张飞追杀张郃于关下，马失前蹄留下了脚印，今人称"趔脚石"；一说刘备攻成都时，被刘璋大将张任困在涪水关，张飞从巴西驰援刘备，到了送险亭，张飞朗声大笑道："哈哈，坡去平来，给老子跑快些！"他举鞭打马，马惊失蹄，将张飞掀下马来，便在石岩边留下了两道深深的脚印。

瓦口关青砖筒瓦，巍峨壮观。从墙脚到箭楼高 15 米，关上修桓侯庙，彩塑张飞像，"豹头环眼，燕颔虎须，声若巨雷，势如奔马"，再现了当年"猛张飞"声震当阳桥的气概。关楼之下右侧内殿塑有刘备、关羽、张飞坐像，左侧内殿塑有蜀汉丞相诸葛亮、梓潼郡太守霍峻、梓潼县令王连的塑像。

除了上述主要胜迹外，梓潼县《三国演义》学会专家经实地考察后认为，今梓潼县辖区内有 35 处蜀汉遗迹，绝大部分分布在县城以西以卧龙镇为中心的紫云道、县城一线以水观音为中心的金牛道和县城以东以御马岗为中心的龙台道这三条古道上。其基本概况见下表。

瓦口关

梓潼县三国文化遗迹遗址基本情况统计表

内容 线路	总体	遗迹	遗址	保护利用情况
金牛道	涉及演武、文昌、长卿、石牛4个乡镇12处	张飞柏、金脸关公、瓦口关、古蜀道、趔脚石、王爷庙、三圣宫	漏风垭、骂牛坝、邓芝墓、演武铺、石牛铺	张飞柏、金脸关公、瓦口关、古蜀道、趔脚石在七曲山景区得到保护与利用
紫云道	涉及卧龙、白云、石台、许州、演武5个乡镇13处	卧龙山、诸葛寨、饮马池、拴马树、孔明泉、牛头寨、神垭庙、魏延祠、孔明庙、复兴寺	卧龙驿、武侯祠、跑马梁	卧龙山因有国家重点文物保护单位千佛岩，故部分三国文化遗迹得到保护与利用
龙台道	涉及演武、建新、马鸣、文昌、东石5个乡镇10处	张飞靴、御马岗、饮马池、拴马树、马蹄印、进宝寺、三堆子	梓潼郡城、点将台、李严祠	基本没有得到保护和利用

潼城四阙

秦昭襄王二十二年（前285）在蜀郡置梓潼县。汉高帝六年（前201）分蜀郡北部置广汉郡，郡治梓潼。因此，自秦汉以来，梓潼便留下了许多历史文化遗迹。据高文、冯一下等专家考证，巴蜀地区现存石阙达21处，占全国现存石阙（30处）的70%，为我国汉阙艺术的故乡。而梓潼拥有李业阙、边孝先阙、杨公阙和贾公阙四阙，占全国现存汉阙的13%。根据立阙的位置，石阙有宫阙、祠堂阙、庙阙、门阙、墓阙等，梓潼四阙均属墓阙。

李业阙，位于梓潼经济开发区（城南工业区）境内，在贞孝节烈总坊西侧100米，坐东朝西，占地面积约36平方米。李业阙现仅存阙身，为独石刻成，顶为后配，上小下大，高2.5米，下宽0.9米，上宽0.7米。阙正中刻"汉侍御史李公之阙"，其下刻清道光末年题记，记述时任知县周树棠发现此阙残身及移至李节士祠安置的经过。新中国成立后，此阙被移至此并修亭保护，有关此阙的三通明碑也立于亭内。《后汉书·李业传》记载："李业，字巨游，梓潼人，西汉末年举明经，除为郎。公孙述据蜀，累聘出仕，业抗拒不从，为述所杀。"建武十二年（36）公孙述被灭后，旌表其间。故此阙建于东汉初年，为全国诸阙最早者，比著名的河南登封太室阙还早80多年。李业阙结构简单，顶无饰，其独特结构已引起专家、学者的关注。

边孝先（又名边韶）阙，实为无铭阙，位于梓潼老城区中和街西段，仅存子阙，占地面积约2平方米。此阙由九块石叠垒在石基上，高 3.2 米，宽 1.1 米，厚 0.66 米。阙座由三块石条组成（现仅存两块），刻坐斗子蜀柱状，子阙一半立在阙座上，一半落在地面，阙身刻有柱阑，其上施栌斗及叠枋，再上为一斗二重，但已模糊不清。咸丰年间《梓潼县志》载："汉边韶墓，在县西关外。"或谓此阙为边韶阙，当地人称此阙为"九块石"。2000 年 6 月，民众集资修建了栏柱和坊，对此阙加以保护。

杨公阙，位于老城区文昌路北段 125 号，杨公阙现仅存单阙，风化严重，由六块石头垒砌而成，占地面积约 2 平方米。阙身有后人刻"蜀汉杨公阙"字样。咸丰年间《梓潼县志》记载："汉侍中杨修墓，俗传如是，有石阙。"阙原存于梓潼广播局院内，民国时期修宏仁堰时拆迁至上北街，1964 年被移至今处。

贾公阙，位于梓潼经济开发区（城南工业区）境内，当地人俗称"石马坝"，也称"书箱石"，占地面积约 6 平方米。咸丰《梓潼县志》载"蜀汉邓芝墓，县西南五里，有两石阙。邓芝，南阳人，仕蜀为车骑将军"。该阙为石结构，长方形。双阙相距 17 米，均已横向断裂，右阙埋入地表下 1.37 米，地表残高 1.8 米，宽 2.95 米，厚 0.96 米，阙风化严重，阙身雕刻装饰已腐蚀剥落。1996 年，因扩建 108 国道，此阙被右移至 108 国道绿化带中。1987 年，在阙旁 100 米处出土石马两个，左马长 1.85 米，腹高 0.46 米，胸阔 0.48 米；右马长 1.67 米，腹高 0.45 米，胸阔 0.44 米，并被置于路旁。2003 年秋，出土石马被迁入李业阙保护区，进行异地保护。

李业阙为全国第六批重点文物保护单位，边孝先阙（无铭阙）、杨公阙、贾公阙在 1985 年 6 月被梓潼县人民政府列为文物保护单位。

紫府飞霞一洞天

距梓潼县城西 21 千米的黎雅镇有一座龙顶山，草荣花繁，林木浓翳。山脉宛如巨龙逶迤南去，融入群山之中。紫府飞霞洞就掩映在这苍松翠柏丛中。

紫府飞霞一洞天

　　咸丰《梓潼县志》抄录的南宋开禧三年（1207）紫府飞
霞洞碑文称，汉晋梓潼人烟稀少，当时居民是在野外掘山洞
居住。

　　相传文昌帝君（张亚子）从越西来到黎雅，见这里的
人民纯朴忠厚，好古向善，可施仁义教化。龙顶山有华山、
泰山那样的磅礴气势，有岷山、峨眉山那样的宜人秀色，
是文昌喜爱之处。当地山民苟洙父子生性憨厚，一心向善，
乐于助人，久闻文昌美名，便邀约村民荷锄挥锹，割茅斩
荆，破石筑壁，挖洞为室，人称紫府飞霞洞。紫府飞霞洞
前，石牌坊两檐三间，中檐高12米，两侧檐9米，上盖琉
璃瓦，四柱盘金龙。金龙踏云飞天，尾下头上，犹如从洞
中飞腾而出。洞位于石壁正中，宽2.3米，高2.1米。护
洞条石质地坚硬，斑黑泛青。文昌便在其中修炼，也时常
走村串巷，行医施药，赈贫解困，教育乡里，行侠仗义，
故其为世人所拥戴。

　　石牌坊前是文昌宫，明朝时修建，传为文昌行宫之一。
凌空俯视，文昌宫院形似一枚巨大的印玺。走进文昌宫大
门，拾级而进，穿过万年台即为院坝，其中可容纳七八百
人。院坝有古柏、柳叶桉五株，荫蔽院坝，暑天习习生风。
两边厢房各四间。戏台高三米，台口宽阔，后台、化妆室一
应齐全。上三米台阶便是文昌大殿，高大宏伟，有行文昌、
坐文昌、瘟祖、文昌骑白特、圣父等雕像，或慈祥，或威
严，惟妙惟肖。装饰金光灿烂，壁画异彩纷呈，让见者敬畏
之心油然而生。

千年古刹上清观

上清观位于梓潼县城南 3 公里处。史载，上清观始建于隋文帝（杨坚）开皇年间（581~600），至今已逾千年。

相传，龙骧将军姚苌受前秦皇帝苻坚派遣征伐蜀国时，途经梓潼，前往七曲山，拜会张亚子。张亚子手执"如意"对姚苌说："麾（将帅之旗）之可致兵"，姚苌不信。张亚子手举"如意"一挥，上万的兵马戈盾整齐有序排列在平坝上，恍如天兵天将瞬间降临，气势恢宏，声震如雷。姚苌顿时目瞪口呆，佩服得五体投地。张亚子信手将铁"如意"赠与他，姚苌得到此宝贝，爱不释手，用它指挥战争，无往不胜。此宝贝助他建立了强大的后秦帝国。

唐代诗人李商隐有诗句："下马捧椒浆，迎神白玉堂，如何铁如意，独自与姚苌。"后来人们在姚苌与张亚子操练阵法的地方建立了这座上清观。其历经唐、宋、元朝，至明成化年间（1465~1487）重修。明末崇祯年间，张献忠入川，上清观在战火中被毁。今存道观为清康熙年间重修。1937 年道观戏阁进行维修，建筑面积 650 余平方米。

道观依地势高低而建。上清观庙门有楷书匾额，门前石柱刻联："山有水则秀听幽冥泉流响彻大清长夜月；地以人而灵恤汪洋帝德光映天上文昌星"。

庙门为三层楼，下楼采用 16 根方石柱，中楼是戏楼（又称乐楼），顶层为魁星楼。正殿东向，单檐歇山顶，木结构，抬梁式七架三柱。戏楼木结构，宽 30.7 米，进深四间，12.6 米，四翼角上翘，为梓潼唯一保存完整的古楼。观内呈大四合

布局，有正殿、两侧厢房。院中有株紫荆树，高 8.7 米，周长
1.55 米，四枝盘曲向上，树身凹凸疙瘩重叠，枝茂叶繁，馥
香满溢，春花蝶舞。东边通廊后小院客堂客厅，直通后山。后
山为降龙山，山势嶙峋，中段岩崖上有明末摩崖造像十四龛，
浮雕简练，佛身石刻色彩鲜明，形态生动。崖间有由高山石缝
泻出的一股清泉，长流不绝，当地人称之为"蒙泉"。左上即
是"驻马坡"及碑文。泉岩右侧，有古山一座，由形态各异
的石块垒成，蔚为壮观。

千佛岩唐代摩崖造像

卧龙山，地处梓潼县城以西 15 千米卧龙镇五一村境内。

卧龙山顶有一座庙宇，庙宇内有一长方形的巨石，上面凿
刻有佛教造像 1000 余尊，世称千佛崖或千佛崖寺庙。寺庙坐
西向东，一殿三间，位于山崖下，中为正门，三间单柱相撑，
无间隔，正门悬有"千佛重光"金字匾。庙宇为唐贞观年间
（627~649）建造，后经多次损毁（大多毁于明末的兵燹之
中）、重建，现存的庙宇为清代重建。

佛教造像凿于东西长 5.5 米、南北宽 5.2 米、高 3.2 米的
长方体石墩四周壁上，东西北三面凿三大龛，南面为石造像，
未凿龛。佛像有浅浮雕的，也有高浮雕的。现存有 1003 龛，
1138 尊佛像。

东龛，圆拱形，高 2.3 米，宽 2.5 米，深 2.2 米，龛内有
造像 9 尊，为一佛、二菩萨、二弟子、二供养人、二力士。佛
高 1.3 米，火焰形头光，结跏趺坐于莲台上，身着僧衣，左手
按膝，右手举于胸前。

西龛，是阿弥陀佛殿，圆拱形，龛高 2.2 米，宽 2.3 米，深 1.8 米，有造像 53 尊。主像为观音菩萨，座高 0.95 米，两边童子各一，观音像面部略带微笑。龛的两侧分别刻有 26 个闻法菩萨，合为 52 个，均为高浮雕。众菩萨脸形半圆，眉眼平直，长发在头上绾成半高髻，身着半臂服饰，内着短襦，其姿态或以双手抱膝而坐，或以只手托腮，或以双手合十，或做沉思状。龛门为莲瓣形，龛楣和龛额上刻卷草，龛额上还有浮雕七尊佛。龛门外右肩上有座唐太宗贞观八年（634）由邓元觉撰文、杨子尚刻字的造像碑记。

北龛，是释迦牟尼殿。龛高 2.15 米，宽 2.3 米，进深 1.6 米，有造像 19 尊。其造型结构与东龛基本相同，主佛释迦牟尼坐像高 0.9 米。台座呈莲花形，高 0.85 米，有青狮白象支撑。此龛右上侧有"唐中和四年（884）九月八日刻"题记。北面现存"释迦牟尼"等字。

南面无龛，在长 3.7 米，宽 2.15 米的石壁上刻有高 0.1 米的小佛 1000 个（20 排，每排 50 个），由于风化严重，只能看出大体轮廓。

现存有石碑二通，一为清光绪六年（1880）冬月十二日，梓潼廪生周之桢撰书，文为："……献（指张献忠）贼扰川而神庙遂胥焚矣……集众措资遂建一庙以蔽焉"。二是民国 16 年（1927）夏月望九日，葛山寺住持刘福元刻碑，文曰："因兵燹废弛，仅颓椽荒址，有里人席朝来、谢树芳重为培修"等。东龛上端有民国 6 年（1917）11 月 2 日中央文物保护委员会刻示的"重点文物,严禁重妆"提示。

1956 年,千佛崖寺庙被四川省人民政府列为省级文物保护单位;2006 年被列为国家级文物保护单位。

玛瑙寺壁画

地处梓潼县西南 21 千米的玛瑙镇,有座属于华严宗的玛瑙寺。据《四川通志》,"玛瑙寺:县南五十里,宋时创,宋末遭火,明朝正统间重建"。1958 年,玛瑙寺被列为四川省文物保护单位。

相传,南宋宝祐年间(1253～1258),蒙哥率十万元军南下,势如破竹。宝祐六年(1258),元军攻破四川剑门关,宋将杨立、张实战死。元军直捣梓潼,梓潼衙堂、祠宇相继被毁,玛瑙寺也未能逃过此劫。明正统年间(1436～1449),玛瑙寺与剑阁觉苑寺及梓潼西岩寺同时重建,于 1452 年完工。现有旧匾"景泰宝筏"存立。

玛瑙寺壁画是在建寺后不久绘制,仿唐吴道子和阎立本手法。正中和两侧三尊跏趺座佛像绘画,高 2.95 米;左右两侧是二十四诸天神像,是当时梓潼县城东的民间画师秦贵所绘。玛瑙寺还有左右侍立迦叶等,约 50 多平方米。顶部绘有许多小佛像和飞天以及佛教故事图画,大佛像高大雄伟,颇有犷劲之气。小佛像三重,互相重叠,多现小佛上半身,有插花,有执环,有持佛珠,有抛绣球,每叠十二位。佛像笔法圆润,手足灵活,体态丰满,颇显慈祥,虽经数百年,色泽清鲜,特别是小佛中间有一尊较大的佛像,袒胸、面瘦,看上去神采奕奕,庄严肃穆。

古时引水工程

梓潼史上利用潼江河截流筑坝、开渠引水的大型水利工程有宏仁堰和开化堰。

宏仁堰

清乾隆三十一年（1766），罗江县民王化隆，到梓潼七曲山赶庙会，见梓潼县城东西二坝，平畴万亩，而无灌溉之利，随即与高家坝、西坝农户商议修建河堰事宜，商定堰成之后，用水农户抽 15% 的田产作为兴建工程费用，并禀明知县夏炯，立约存筹为据。王化隆随即约请工匠，在县城西北 7 千米处的潼江龙潭寺水口拦河筑坝。因落差低，筑坝高，拦河坝又是用竹笼装卵石垒砌而成，抵御力极差，每遇洪水就会被冲毁，连修数年都不成功。

乾隆三十七年（1772），朱帘接任梓潼知县，见县民为修堰所苦，便会同工房典吏喻梦琨（江西南昌人，后升任江油中坝巡检）前往察看，经度量水势地形后，拟将堰口移至上游，距城西北 9.5 千米的潼江老鸦洞河段，以提高落差而降低堤坝。经多方协商定夺后，知县朱帘又授命监生曾玉山、唐英及县民方荣等筹资协助续修。历时 3 年，至乾隆四十年（1775）春，大坝及引水渠建成，知县朱帘命名为"宏仁堰"。引水渠分东、西、中三大沟，全长 10 余千米，当年引潼江水入西坝，灌田 2250 亩。自此，堰堤、沟渠每年淘淤、维修，并设有堰长 4 名，轮流管理。经累年维修拓展，至嘉庆二十二年（1817），引水渠延长 5 千米。新中国成立后，宏仁堰进行了多次维修。1985 年宏仁堰拦河坝改建，拆除竹笼卵石大坝，改用卵石水泥灌浆，新建长 278 米，宽 28 米，高 4 米条石大坝，可拦蓄库容 200 万立方米。主干渠位于大坝左侧，沿潼江东岸经李家坝、裴家坝、贾家坝、高家坝到连枝庙分水闸，长 10.8 千米，灌溉城关镇、宏仁乡、豢龙乡、青龙乡等的 12 个村 96 个社及国营渔场、苗圃等 8100 亩农田。

开化堰

清乾隆四十三年（1778），忠乡七甲（今许州镇）乡民宋联荣，受都江堰、宏仁堰建设的启发，决心仿效李冰、王化隆，在百顷坝修堰开渠，造福一方。经观察考证后，他选定在距许州镇 9 千米的江家林（双板乡高寨村），拦截潼江之水，修筑"仁义堰"，开渠引水灌田。

于是，宋联荣召集宋氏本家全族人商议，但众说纷纭，莫衷一是。宋联荣力排众议，自捐钱粮，规划设计，督导开工，安排本家宋克义、宋克礼等总管工程建设和钱粮。堰为"∏"形，引水渠渠宽一丈，深浅不一，随其地势高低开挖。乾隆四十七年（1782）秋，水渠开至龚家坝（即宋家坝）。宋氏一家虽然变卖了全部产业，但由于工程浩大，钱粮即将耗尽，借贷无门，不得不停工。次年农历二月中旬，宋联荣到大庙敬香，祈求文昌帝君佑助建堰，并取"九天开化，七曲文昌"之意，将"仁义堰"改名为"开化堰"。路途之中，宋联荣遇见故友刘纪宪，谈及修堰之事，刘欣然答应出资续修。清乾隆五十二年（1787）终于堰成渠通。整个工程耗用白银一万四千六百两。引水渠从取水口沿潼江左岸，经水碾子、天星桥、镇江阁、宋家坝、王爷庙、深堰渠进入百顷坝，后经稟官勘丈，农田灌溉 4000 余亩。在管理上，开化堰仿效宏仁堰之法，10 亩之中，抽收 2.6 亩水租，以补宋、刘二氏建设及后期维修费用。

嘉庆十一年（1806），开化堰灌区已发展到灌溉百顷中坝、上坝、外坝及大小河堰 6000 余亩田地。

新中国成立后，开化堰年年修淘与扩建。1984 年，卵石堆砌的拦河大坝被改建为长 190 米、高 3.5 米，拦蓄库容量为150 万立方米的条石浆砌大坝。1990 年，开化堰已有干渠 8 公里，引水 1 立方米/秒，支渠 3 条，15 千米，电灌站 4 处，共灌溉天宝乡和许州镇的 8 个村 7500 亩农田。

贞孝节烈总坊

贞孝节烈总坊，建成于清光绪二十七年（1901），现留存于梓潼县长卿山山麓。1985 年 6 月，贞孝节烈总坊被梓潼县人民政府公布为文物保护单位；1999 年，被绵阳市人民政府公布为市级文物保护单位；2007 年，被四川省人民政府公布为省级文物保护单位。

贞孝节烈总坊，是一座坐北朝南、三滴水的门楼式石刻牌坊。全坊用四根立柱、九条整石横梁、近百块华板、数十块檐石穿透、镶嵌而成。一正楼、两边楼，飞檐翼角四柱落脚石刻，青白砂石垒砌而成，通高 9.58 米，宽 8.12 米。横柱之间用板壁镶嵌，前后、左右与中心线对称。牌楼有三门，正门高3.3 米，宽 3.5 米，两侧的耳门各高 3 米，宽 1.5 米。

正门最高层的板壁刻有浮雕火珠，火珠下是一块刻有"皇恩旌表"四个大字的石匾，匾下的板壁上横刻"贞孝节烈总坊"六个大字,其下华板镌刻"烈女榜",榜上有143位贞孝节烈女士姓氏。围绕烈女榜匾四周的板壁上,用深浮雕刻有"董永卖身""王祥卧冰""孟宗哭竹"等传统的二十四孝图。时任梓潼知县桂良材亲书对联一副。上联:"九曲水,七曲山,贤媛笃生正气,足争流峙";下联:"金管书,银管录,史臣累载清芬,尚播简编"。

两侧耳门门额上各嵌一块方形匾额,南面两刻:"竹节"和"松筠",北面两刻:"潜德"和"幽光",均为阴刻正楷(时任梓潼知县桂良材撰书)。飞檐翼角上刻瓦槽瓦当,下有吊柱门窗,一、二层楼檐鳌角嘴前刻有两躯向内座狮。

正门南北两面门额的深浮雕图案,分别为"二龙戏珠""丹凤朝阳"。腾云吐雾的龙,配以波涛翻滚的三水纹;展翅奋飞的凤,配以光焰喷射的太阳。正楼两面的窗棂均为造型各异的镂空蝙蝠图案,边楼南面的窗棂为圆形镂空图案。玄柱和抱鼓均系整石刻成,抱鼓鼓面均刻有浮雕图案。整座牌坊的楼、梁、柱、坊均刻花饰,计有上百幅。横梁两面均为与贞孝节烈有关的神话人物群像浮雕。

传说,清光绪年间,梓潼孝乡九甲石鸡河(今属宏仁乡)有个秀才,叫张大中,喜中举人,便大摆酒席,宴请地方官吏、士绅、张氏族亲以及近邻远朋,趁机收受财礼无数。宴毕回礼时,他送官吏以绸缎,送士绅以美酒,对亲朋邻居则冷眼相看。妻子任氏见他如此势利,相劝无果,只能独自一人在房中哀叹、痛哭。婆婆见状,心里很不高兴,大骂媳妇任氏不忠不孝,怂恿儿子马上写休书,将任氏逐出张门。任氏无奈忍辱离去，回到娘家，饱受家人冷眼，度日维艰。后来，张大中因仗势欺人，酿成命案，弄得身死家败。其母年事已高，体弱多病，无所依靠，媳妇任氏知道后，不计前嫌，像过去一样侍奉婆婆，无怨无悔，直到送老归终。

梓潼知县桂良材闻知此事，深受感动，便广泛收集民间忠孝、节烈之人和事，上奏朝廷，获准兴建牌坊以示表彰。桂良材撰写"生死靡他，愧煞须眉男子；后先相望，共成巾帼完人"一联镌刻在石坊耳门上，并留赞诗一首："浩气入太虚，丹心照千古。生平无邪念，自有黄莺知"。

县城旧时的会馆

旧时，民间有建祠堂、会馆，修族谱、家谱等现象。据《梓潼县志》记载，清代，全县有祠堂约200余处，平时用以供奉本族祖先之牌位，清明节时，族人在此举办清明会。梓潼城区先后建有楚黄、湖广、福建、陕西、广东、江西和三圣宫7处会馆。

楚黄会馆

楚黄会馆，又称帝主宫，位于东街右侧（今中和街新华宾馆商住楼处），清康熙年间（1662～1722）由湖广黄州府麻城孝感乡亲蔡、吴、雷、余四姓移民集资修建，是湖广会馆（禹王宫）的分支馆。会馆呈中轴形的大四合院，坐北向南，呈正方形，面积约3000平方米。正面有铺面13间，大门悬"楚黄会馆"匾额，进门为戏楼，匾额上书"灵坊宜夜"，与正殿相对，前为院坝，左边为厢房，有侧门，右面厢房为居民住房。北面为正殿，通阔五间，进深三间，大立木结构，单檐歇山式，无脊饰，翼角平出，屋顶盖小青瓦。正殿塑神像三尊，中为帝主，即轩辕黄帝，右次间为镇江王爷李冰，左侧间为财神赵公明。整个大殿宽阔明亮，高大雄伟。民国初年，此处曾设过私学。20 世纪二三十年代，门口设茶园，内有雀鸟市场；三四十年代，设过初中补习班。庙宇保存较好，常有川剧表演。新中国成立后，祠庙作为公产，由县财政科接管，供县川剧团使用，并改建成剧场，90 年代旧城改造时，又改建为商住楼。

湖广会馆

湖广会馆，又名禹王宫，位于新兴街（今县农业发展银行处，与福建会馆相对），是湖广移民修建的总馆，坐北朝南，面积约 5000 平方米。进门为戏楼，前为大院坝，左右厢房各三间。再进为正殿，通面阔七间，进深三间，用 16 根方形石柱承托。明间上建一层楼阁，名曰"玉泉楼"，塑大禹神像。正殿为重檐歇山式，大立木结构。正殿前过厅五间，左右建钟鼓楼，形成一个院落。20 世纪三四十年代，此处设粮食市场；40 年代后，设治城镇公所。新中国成立后划为公产，后为县粮食局汽车队，今为县农业发展银行办公和住宿区。

福建会馆

福建会馆，又名盖天宫、天后宫，位于今新兴街北面，与原湖广会馆相对，坐北向南，是闽省迁梓潼的陈、吴、廖、邓、华五姓移民集资兴建的会馆，面积约 2000 平方米。馆门为石库居式石砌大门，门之楣面塑戏剧雕塑人物若干，别具一格。进馆后正面为戏楼，左面为厕房。正殿阔五间，进深三

间，单檐歇山式。明间塑天后娘娘泥像。正殿过后，东侧有楼
名曰"望月"，下为院坝。福建会馆独具江南建筑特色，为园
林式造型，雕塑华丽，形象庄严肃穆。20 世纪 20 年代，厢房
改建为粮仓；30 年代，戏楼改建为女子学校教室；40 年代，
女子小学合并入太平乡（今长卿镇）小学。新中国成立后，
福建会馆划为公产，土改时，分配给个户。20 世纪 90 年代旧
城改造后，此处建为商业大楼等。

陕西会馆

陕西会馆，又名武圣宫，为梓潼陕西会馆总馆，位于大
西街中段，坐西向东。明末清初，陕西省三原、富平、韩
城、乾州等地移民入川定居梓潼，其中的商民定居于县城，
集资修建此馆。会馆面积约 3000 平方米，为一进院落，左
右厢房各 10 间。大院坝西边建有过厅五间，卷棚式顶，硬
山造，不设门窗，左、右建有钟鼓楼，接着为正殿，明间过
道建一走廊，直达正殿。正殿为大立木结构，面阔五间，进
深三间，单檐歇山式。馆中原供有关羽像，左右为关平、周
仓像。前置一铁铸三足鼎，后为院坝。民国初年，此处曾设
私学；20 世纪 30 年代，设梓潼县初中男生部。1939 年 3
月，由山东沦陷区初迁湖北再迁四川梓潼的国立六中梓潼一
分校，在此设高中部和师范部。40 年代后期，国民党梓潼
县党部、团部设于此。新中国成立后，此处为中国人民解放
军梓潼县人民武装部驻地。20 世纪 90 年代后期，梓潼县人
民武装部迁入金牛路新址后，此处改作民用，现为三圣路中
段综合市场等。

广东会馆

广东会馆，又名南华宫，位于老南街，坐西向东，为广东客家族移民所修建，面积约 4000 平方米。门面为街房六间，进门为小天井，再进即为戏楼。大院坝两侧为厢房，西侧为正殿，通面阔五间，进深三间，大立木结构，单檐歇山式。明间泥塑禅宗六祖惠能神像。再后为院坝，紧接城墙根（与今兴文中学交界处）。民国初年，此处开设县立女子小学。20 世纪 20 年代初期，此处开办私立通儒小学；30 年代，通儒小学与女子小学合并后，改称太平乡小学，后又改称为南城小学、治城镇第二中心小学。现为文昌第二小学校址。

江西会馆

江西会馆，又名万寿宫，在原县府街西段（今崇文街西段），为梓潼的江西籍人集资修建，坐北向南，面积约 5000 平方米。进门处为戏楼，后为正殿，面阔五间，进深三间，立木架结构。明间供奉许真人（东晋时道士，道教净明派宗主）神像。正殿后为大坝，接拢城墙根。正殿侧有水井一眼，名"益寿泉"，碑刻尚存。20 世纪 20~30 年代，蹇幼樵任梓潼县长时，在此开辟公园，垒砌假山，开凿鱼池、花坊，还开设民众学校。抗日战争时期，东侧建抗敌亭，中段设县府电话所，前面设立县民众教育馆，其后，又设防空监视哨、盟军（美军）招待所。新中国成立后，梓潼县公安局等单位驻此。

三圣宫

三圣宫，又名火神庙，位于原县商业局机关所在地（今中和街中段），为陕西会馆的分支会馆，坐北向南，面积约 3000

平方米。门面五间，宫门为三出式木装板门楣，镂刻花卉图案。进门为戏楼，两侧建厢房，院坝西侧建石砌碑亭。再进为过厅，厅后小院有鱼池、拱桥，再进即为正殿，立木架结构，单檐歇山式。曾塑有关帝（关羽）像、财神赵公明、火神祝融三尊神像（也有说是周公、孔子、老子三圣神像），故名"三圣宫"。宫后大坝有淖池，为积水防火消防池。20世纪三四十年代，三圣宫内为生丝市场，大门两侧为店铺，左侧开设有"同乐园"茶馆，右侧设有县商会、农会。40年代为袍哥组织"爱国社"所据。馆内设有陕籍私立的正本小学，其后，又设县立短期小学，再后，为警察队驻所。国立六中一分校迁来梓潼后，在梓潼开设的代办初中班设立于此。新中国成立后，三圣宫划为公产。

4 民俗风情

梓潼登高节

民间传说，农历正月初八是"蚕年"（即蚕过年），这一天不准用针线，如果用了会刺破蚕宝宝的眼睛。与县城隔江相望不远处，有座山，叫蚕婆山，山上有座庙，叫蚕神庙。人们为祈求蚕神保佑蚕事顺遂，蚕茧丰收，养蚕人在这一天纷纷登上蚕婆山，向蚕神烧香叩头。

很早以前，梓潼人就能栽桑养蚕。据《九域志》记载："梓潼有蚕丝山（今长卿山），每年春七日，远近女士多游于此，以祈蚕丝。"到宋代，梓潼蚕丝在全国已有一席之地，每年向皇室贡献一百匹绫到汴京。清朝，梓潼特产蚕丝制品

"红绫"同全国"四绣""三锦"同享盛名。清咸丰七年（1857），梓潼县令张香海给潘宪的禀帖中有"卑县民力，悉仗小春丝蚕"的表述。清朝末年到民国初年，梓潼育有桑园13861亩，有桑树889万株，缫丝、织绸作坊21个，工人2000余人，年产丝480担。其中以黎雅乡民张怀宝（今白云镇）兴办的大千丝厂最为有名。大千丝厂于民国6年（1917）兴办，有120个车位，职工300余人，年产生丝180余担。"美女牌"蚕丝远销重庆、上海，出口到南洋。县城中和街的同乐园是梓潼当时最大的丝及丝制品交易市场。当时，梓潼销往外地的生丝量仅次于南充、三台，成都下北打金街的复兴店是梓潼丝帮的货栈。1949年，全县有小型缫丝厂27个，车位633个，从业人员1795人，年缫丝13.3吨。

1992年，全县办缫丝厂8个，从业人员2500余人，年产丝121吨，绸29.73万米。其中，黎雅镇投资280万元，重建大千丝厂，设计规模2400绪，年产丝70吨。20世纪90年代中后期，蚕丝生产达到鼎盛时期，已经成为梓潼县农业和农村经济发展的一大支柱产业。其间，每逢春节正月初八上长卿山游玩者数以万计。1998年，梓潼县人大常委会做出决定，将每年正月初八定为"登高节"，组织开展全民健身活动。随后，许州、黎雅、仁和、石牛等乡镇也在这一天组织当地男女老少就近开展登山健身活动。

马鸣阳戏

马鸣阳戏源于春秋战国时期梓潼氐人举行的一种驱除疫鬼的祭祀活动，盛行于清乾隆时期。

马鸣阳戏

　　马鸣，是梓潼县城东的一个乡镇名称；祭祀活动在表演时有阴一堂（天戏）、阳一堂（地戏）之分，故被称为阳戏，其为傩戏的一种。

　　马鸣阳戏有浓郁的道教色彩。戏坛上层供奉孔子、李老君、释迦牟尼，中层为玄帝、观音、文昌，下层为川主、土主、药王。

　　马鸣阳戏由坛场启白、天戏、地戏和花戏四个部分组成。坛场启白是由掌坛师主持的一种开场仪式（法事），也有过刀山、打油火、吃火吐火、打火棍、走罡步、踩九州等表演。天戏是以32个提线木偶（分别代表32路天神）为主角，由五六个演员提线表演、领唱、伴唱合作完成，目的是为主家消灾降福。地戏是由演员头戴面具或化装涂面表演的娱神娱人的世俗化戏剧，与天戏交叉进行。花戏是在坛场启白、天戏、地戏中插演，是直接面向观众演出的川剧折子戏，有主家点戏演出的，也有单独演出的。

阳戏班一般由 12～15 人组成，主要有掌坛师、演员、乐员，通常为家庭性戏班。阳戏一般要 3～7 天演完。阳戏的唱腔以端公调为主，还吸收民间戏曲、山歌小调，风格质朴，诙谐悠扬，有十分淳厚的川北民歌特色。花戏的演唱则吸收了川剧弹戏、高腔、灯戏等唱腔和锣鼓曲牌。

梓潼阳戏剧本现存有手抄本两集：一集有《戏门断愿启白》《天戏》；一集有《地戏》《戏门启白坛前仪》，抄录时间为"清道光十二年（1832）秋月"。梓潼阳戏现存清代剧目 30 多个。

清末民初，县境内有阳（傩）戏班子 20 余个，分布于境内文昌、马鸣、马迎、双板、许州、石牛、二洞、豢龙、仁和、宝石等 20 余个乡镇。清同治年间，阳戏班班主叶德清曾带领戏班到重庆等地演出。新中国成立初期，马鸣窦家梁刘映福、石牛赵天和、宝石黄天贵、大安（自强）李庭祥、二洞贾福金、石台王家坝、文昌青龙仇开木、豢龙杨发友、宏仁邓万成以及马迎安家沟、大新杨家沟等地阳戏班，常到各地进行演出。马鸣乡红寨村刘映福（1914～1995），字久远，道号真录，系阳戏掌坛师。刘姓家族于明崇祯十七年（1644），由湖北麻城孝感乡迁入梓潼马鸣乡红寨村落户，务农。刘映福 13 岁读私塾，18 岁学做道场，22 岁习修佛教，兼学五行八卦，并拜阳戏艺人邓昌云为师学阳戏表演，精通阳戏全套仪规以及天戏、地戏表演，渐为主角。20 世纪 80 年代，梓潼县在发掘整理历史文化遗产中，发现刘映福有保存完好的阳戏剧本。1991 年春，绵阳市文化局组织以刘映福为主的"马鸣乡阳戏表演队"，他们在梓潼县东石乡上清观戏楼演出天戏、地戏各 32 场。现在有由成都市文化局录像拍摄了 36 个小时 20 余盘磁带的梓潼阳戏原始资料。绵阳市文化局组织编辑出版的《梓潼阳戏》一书，备受国家傩文化研究会及中国台湾、日本、新西兰等地文化界的关注。

2009 年，马鸣阳戏被列入四川省非物质文化遗产名录。

大新花灯

大新是梓潼县东南面最为边远的一个乡镇。大新花灯，又叫太平龙，当地俗称"耍龙"，在文昌祭祀活动中，可谓别具一格的民俗祭祀活动的一种表演形式。它融舞蹈、音乐、戏剧为一体，以"灯"为主要道具，"灯阵"为主要表演形式，"耍灯"为主要表现手段。

大新花灯除了是旧时文昌迎神会期间固有的表演活动外，人们也用它来求雨祈福。

大新花灯起源于神话传说。据传，唐太宗初年，天下大旱，庄稼颗粒无收。玉皇大帝降罪于泾河老龙，丞相魏征梦斩泾河老龙。老龙死后，幽灵不散，每夜潜入宫中，提着血淋淋的龙头，向唐太宗索命。唐太宗为摆脱纠缠，便请来高僧做七七四十九天大斋道场，超度老龙。老龙仍不遂意，作法连降四十九天大雨，几乎淹没整个长安城。唐太宗便向老龙许愿，将龙头龙身相连，照泾河老龙模样做了一条纸扎青龙，诏令天下百姓每年正月初九，表演龙舞，以祭奠老龙。龙在前，虾兵蟹将相随，宫娥彩女提灯相伴。此后，老龙不再作怪了，天下风调雨顺，百姓又过上了太平日子。后经历代艺人的不断加工、演绎，祭奠形式遂成为今天的表演形式。相传，1931年，梓潼县大新乡一位李姓豪绅，向菩萨许下花灯信愿，于是从外地请来一位张姓民间老艺人，对当地村民赵元岳、赵元登、赵元良、赵明奎、赵明进等进行花灯表演培训，历时数月，终于完了一场花灯夙愿。

每年腊月三十日夜晚，花灯班人员集合于神坛或祠堂前举行开灯仪式，请来僧人用香火把龙眼烧个洞，叫"开光"，用香火把龙的喉咙处烧七个眼，叫"开七窍"，用香火烧龙舌，叫"开金口"。随后，僧人打一个令牌，喊一声"报灯来！"灯官逐个把灯报上来，报完后等待出龙时间。

大新花灯表演的时间是从每年农历正月初九夜开始，至正月十五日（元宵节）为止。按当地习俗，从农历正月初一至十五日，每天有一种动物（生肖）过年节，初九为龙过年，此前龙不能出动，动则有违禁忌。正月初九夜为出灯仪式，正月十五日夜为倒灯仪式。正月十五日夜耍完灯之后，人们在神坛前敬香供神，然后将龙灯及牌灯、花灯、鱼灯、蚌壳灯、车车灯、马马灯裱糊的纸扯下来，送到河边焚烧，寓意"苍龙归海"，而将灯架搁置于神坛庙宇中，待来年祭祀时重新裱糊。

大新花灯由大小不同的十多种灯具组成，包括用竹篾编制的，用红、黄、绿等各色纸张裱糊、点缀的灯，或者可以点烛挂灯，不用竹竿连接撑持，而用有色布匹连接的青、黄两条龙和元宝狮灯、牌灯、凤灯、地灯、虾灯、鲤鱼灯、马马灯、车车灯、乌龟灯等，另外还有灯官、春官、花子、土地等人物，表演人数多达95人，依场次进行，边歌边舞，前后演出达3个多小时，气氛热烈。大新花灯所到之处，各家各户都要提前在门前或院中煨燃柏枝，致青烟升腾，熏除秽气。花灯队伍进去时，每个人须从冒烟的柏枝堆上跳过，以保主人一家平安。四盏牌灯中，两盏立于阶檐，两盏排在院坝两侧，青、黄二龙排在堂屋两边，各种小灯在院坝站立。春官向主人递上写有"恭贺新禧"的帖子，不停地讲喜庆话，从进院坝说起，到出堂屋结束。春官出堂屋，青、黄二龙又进去，在堂屋翻身出来掉头又站回原位。接着是马马灯进屋，过门槛须纵步跳过去，未及中梁又跳回来，这叫"马跃云溪"。春官说急口令，见啥说啥，还须讲究押韵、顺口、吉利。二龙退皮（转身），双双赶往下一家。如此，挨家挨户表演拜年，俗称"转格子"。

耍灯是整个表演的高潮，一般分两天表演。第一天共七场，开始时，牌灯立于灯场四角，代表东南西北四方。第一场"跑进场"，又称"开光亮相唱花灯"。两条龙按各自路线在牌灯之间"穿花"，虾子灯、蚌壳灯跟在青龙后面，鲤鱼灯、乌龟灯跟在黄龙后面。穿花的形式有"开四门""关四门""套八节""抱柱子""太极圈""滚螺蛳""一条龙"。第二场"灯官坐台"，又称"龙飞凤舞呈祥瑞"。扮演戏剧中生角和丑角的灯官、花子上场，花子向灯官报灯，灯官传值更人出场。值更人由12个女子扮演，边舞边唱"值更曲"。第三场"姊妹灯"，又称"仙女下凡送福荫"。由值更人扮演的玩花小姐上场，跳玩花舞蹈，表现玩花人的喜悦心情。第四场"跑地灯"，又称"花灯图阵闹新春"，和龙的跑法一样，跑完后"打扫街"，"姊妹梳妆"，拜别灯官老爷，灯官下场。第五场"采茶"，又称"花灯唱春歌盛世"，有采茶、倒茶、卖茶和请茶等歌舞组合节目。第六场"车车灯"，又称"船儿"。车车灯在场内穿梭往返表演各种舞蹈动作，边唱边舞，表现生产劳作欢乐场面。第七场"马马灯"，又称"马马赶会颂太平"。表演者骑跨用竹篾编制、纸糊的各色马儿，在场内行进中穿梭。第二天，"谢茶"。起身时要"盘龙"，二龙"跑进场"，春官说一段绕口令，然后告辞主家。

初九在哪家出龙，十五必须在哪家倒灯。倒灯，是在夜半人静、无鸡鸣犬吠时，把各类灯请到河边，将纸饰扯下焚烧，寓意"苍龙归海"，然后把灯架送回，搁置于庙宇神坛之上，以备来年裱糊后再用。

2009 年，大新花灯被列入四川省非物质文化遗产名录。

梓潼年画

梓潼地处蜀道起点，出川要道，自古民间文化发达，木雕、石刻艺术闻名四方，从明初开始，便有很多民间艺人专门从事木版雕刻、开设印庄，专事年画制作和书籍的印刷，远销川陕等地。清中叶，四川梓潼年画与绵竹年画同样发达，绵竹年画重色彩渲染，梓潼年画古朴素雅、色彩单一。民国以后，由于受现代印刷术的影响，雕版业逐渐衰落，梓潼木刻年画工匠转向寺庙雕刻，印制经书和祭祀用品，然而，仍有少数木刻工匠用雕版印制年画。

梓潼年画一般是刻在梨木板上，阳刻，油墨单色印制。有的用膏子（一种初级颜料）开脸，染服饰，简单上色，以改

梓潼年画

善卖相。画幅尺寸一般比三尺全开略小，也就是与普通家户门
板内框一般大，以利于张贴在门框内。内容有过年驱邪用的门
神，如关公、赵云、张飞、尉迟恭、神荼、钟馗等；有吉祥

画，如福、禄、寿、喜、年年有余、五子登科、招财进宝等。除关于文昌传说等内容的作品外，其余和全国其他地方的年画表现内容基本一致。

在梓潼，每逢过年老百姓普遍都要贴对子、挂灯笼、贴门神。新中国成立前及初期，县城北门、南门、东门都有人销售年画，生意非常兴隆。新中国成立后，特别是"文革"中"破四旧"，许多雕版被毁，民间艺人先后逝去，后继乏人。据陈孝怀老人回忆，新中国成立前他们家开设的印庄，由于受新式印刷术的冲击，主要业务便由年画转向印刷四书五经和一些新学的教科书，生意在新中国成立前夕就已逐渐衰落，新中国成立后家里保存有大量年画木雕印版，但这些在"文革""破四旧"中被烧毁。

在梓潼农村，至今还有一些老房屋的龙门上留有年画作品，表现题材以门神为主，少部分为喜庆场面。这些年画作品是梓潼年画的传世之作。2008年汶川地震后，许多老式农房被拆除，一些年画孤品随之被毁，目前已很难寻觅踪迹，所幸当年梓潼县文化馆美术干部拍有照片资料，这使我们今天仍能一睹梓潼老年画的风采。

如今，梓潼七曲山大庙关公殿正门上的两幅木雕作品与山东潍坊保存的明朝年画雕版图案完全一致。2001年，山东潍坊年画界人士到梓潼举办了寻根年画展。据传，明洪武二年（1369），梓潼杨氏的一支部族迁居山东潍县定居后，利用其在家乡掌握的雕版绘画技艺，按照山东民俗，创造了自己的艺术品——木版年画。木版年画深受当地群众欢迎，成为一种迎合春节的文化商品。明代中期，木版年画画法臻于成熟，成为中国三大年画之一。

五　传承文明铸辉煌

1　丰富的旅游资源

独特的地理位置

梓潼县地处四川盆地西北部，是蜀道起点，中国最早的古县之一，紧邻成都、绵阳等大中城市，历来为川陕要道、古蜀陆路出川必经之路。108 国道、302 省道贯穿全境；宝成铁路、绵广高速擦境而过。绵巴高速穿越全境，使梓潼成为又一出川大通道。悠久的历史和特殊的地理位置，孕育了丰富多元而又独具特色的文昌文化，产生了多姿多彩的民风民俗，留下了众多的历史遗迹。其中，先秦、汉、三国等时期的遗迹和文昌文化所衍生的古迹尤为众多。梓潼素有"通往蜀汉的千里古栈道上的明珠"之称，历来为"地联秦关、路当蜀扼"之川西北交通重镇和军事重镇，旅游资源极为丰富。

古遗迹众多

梓潼境内分布有五丁开山遗剑泉、司马相如长卿石室、蜀道路标送险亭、诸葛亮屯兵演武铺、孔明屯粮卧龙山、张飞植柏表道七曲山、唐明皇幸蜀闻铃郎当驿等历史遗迹，还有七曲山大庙、长卿山李业阙、卧龙山千佛岩三处国家级重点文物保护单位。在全国尚存的24座汉阙中，梓潼汉阙就占了1/6。特别是全国重点文物保护单位——七曲山大庙，是全国文昌宫祖庭，现存有元、明、清三代古建筑群23处，被誉为"古建筑博物馆"，被古建筑学家梁思成列入《中国古建筑大典》。

梓潼博物馆

生态环境

由于特殊的地理位置，梓潼有效避免了资源开发、环境污染的冲击，较好地维护了生态原样性，森林覆盖率为42.6%，被誉为"五谷皆宜之乡，林蚕丰茂之里"。梓潼保存较好的自然、生态环境，为旅游产业发展提供了充足的资源条件。特别是七曲山国家 AAAA 级旅游景区，规划面积 42 平方千米，景区内有占地 700 余亩的全国最大纯古柏林，有古柏 2 万余株，被誉为"古柏大观园""森林活化石""天然氧吧"，被林业部批准为"七曲山国家森林公园"。

南山门

梓潼八景

秀丽的山川、悠久的历史、深厚的文化底蕴，在这里衍生出了奇异的自然人文景观——梓潼八景。

七曲晴岚。七曲山大庙殿宇巍峨，翠柏葱茏，每当雨过天晴，烟雾缭绕，七曲山大庙若隐若现，好似仙山楼阁。

双峰夜月。城南五十里处，有一古寺，曰"霜风寺"，又因山腰平顶之上有突兀而起、形状相似的两座山峰，故又叫"双峰寺"。每当一轮明月从两峰之间徐徐升起时，景色十分壮观。

潼江春涨。潼江由西北绕城而东流，沿岸垂柳成行，芳草萋萋；长卿如黛，南桥如虹。每当春汛初泛，点点桃花漂浮水面，层层细浪拍打堤岸，一江春水，几只野鸭时飞时跃，潼江春涨美景尽收眼底。

剑泉晚照。五丁遗剑处有一山泉，名曰剑泉，泉水涓涓，波光摇曳，即使大旱之年仍细流不断。每当红日西沉，阳光从树隙中斜射，直照剑泉，金光万点，凉风吹拂，树影摇动，斑驳陆离，变化多端，令人观之不舍。

西崖烟雨。城西长卿山，相传司马相如、边孝先曾寓此读书。当雾笼潼江，云涌西崖，细雨迷蒙之时，一幅天然烟雨图呈现在人们的眼前。

晋柏穿云。该景位于七曲山大庙"应梦仙台"旁。相传此柏晋代已有，枯死后800年未倒，至今无枝无蔓、形似虬龙般的苍劲的树干，直指苍天，屹立不倒。

飞霞仙洞。在七曲山大庙瘟祖殿侧的白特殿内，有张亚子乘坐的一似鹿非鹿，似马非马，似牛非牛，似骡非骡的泥塑，名曰"白特"，塑像后倚石崖，内有一石洞，张亚子常骑"白特"从洞中到陕西。道家修炼之所称飞霞紫府，故此洞为"飞霞仙洞"。

重华古刹。现江油所辖之重华镇，1953年前为梓潼所属。相传明朝的重华寺，规模宏大。此寺寂静清幽，林间鸟鸣，风吹铃响，钟鼓沉沉，木鱼声声，别有一番情趣。

中国两弹城

梓潼是新中国"国之大器"核武器的孕育地，是新中国实

晋柏穿云

现将原子弹武器化的圆梦之地。20 世纪六七十年代，邓稼先、
王淦昌、于敏、彭恒武、朱光亚、陈能宽、周光召、程开甲、
郭永怀等一大批当代中国顶级科学家为了中国的国防事业，长
期生活工作于此，此地被誉为"中国第二核武器研制基地""中
国两弹城"。当年科学家们创业的中国工程物理研究院（九院）
虽已迁往绵阳科技城，但在梓潼境内留下了六七十年代修建的
保存完好的原九院院部和各科研所旧址，特别是位于长卿山西

麓的两弹城景区（原九院院部旧址），保存有邓稼先纪念馆、民族魂碑林、战备洞等红色文化遗址，被四川省委宣传部命名为"爱国主义教育基地"，被国家旅游局红色旅游工作协调小组办公室命名为"红色旅游经典景区"。两弹城景区"两弹历程馆""三防教育馆"等景点已全面完成并投入使用，周边旅游配套设施也已全面建成，两弹城景区已成为梓潼旅游的重点景区之一。

九院旧址

文化之旅

发源于梓潼的"文昌文化"，是中华民族优秀传统文化的组成部分，是由古代民俗、艺术、人民生活方式等衍生出的精神产品，与儒、释、道等民族传统文化密不可分。文昌文化萌芽于东晋，发展于隋唐，盛行于宋、元、明、清，故有"北有孔子、南有文昌"之称。文昌文化不仅包含哲学、医学、伦理学，还包含被联合国教科文组织誉为东方交响乐的文昌洞经音乐和戏剧活化石——傩戏以及独特的古建筑文化等。文昌文化融入了中华传统文化哲学、宗教、伦理、道德等方面的精华。因此，梓潼成为文昌文化的发祥地，由文昌信仰而衍生出来的文昌文化博大精深。文昌洞经古乐被联合国教科文组织誉为"音乐活化石"，被列入国家非物质文化遗产名录；文昌出巡、大新花灯、马鸣阳戏、文昌祭祀被列入省级非物质文化遗产名录；尤其是规模盛大，有着千年历史的文昌庙会，是川西北最大的集商贸、宗教、文化于一体的民俗活动，在全川以及周边省市都具有一定的影响力。

梓潼地处有"三百里程十万树"之称的翠云廊南端，被誉为蜀道上的明珠。古金牛道梓潼段由于古柏参天，绿树成荫，形成了宛如翠云长廊般的通道，被誉为"翠云廊"。这里有以长卿山长卿石室和唐明皇幸蜀郎当驿为代表的汉唐文化，有以卧龙山诸葛寨等遗迹为代表的三国文化，有以国医圣手蒲辅周为代表的中医文化，还有以红军长征过梓潼建立的 3 个县级苏维埃政权形成的红色文化。

名人青睐

历代众多文人墨客都与梓潼结下不解之缘，李白、李商隐、陆游、文同等名人都在梓潼留下了名篇佳作。如陆游的《谒石室有怀（司马）长卿》云："不逢杨意惜凌云，坐稳空山面石根。壮志从龙揆武帝，幽怀托凤寄文君。性困豁达疏常轨，名擅风流作令闻。终有文翁成蜀化，千秋有室共芳芬。"李白青少年时曾求学于赵蕤，因赵蕤是盐亭人，李白曾送其师往返于梓潼，在梓潼七曲山夜宿闻泉响（寺庙）后，留下了"远闻碧泉处，水声潺潺。栖鸟寒风不胜愁。细雨犹如千丈线，遥系心头"的著名诗句。前蜀后主王衍曾三次驻梓潼七曲山大庙，留下了《七曲山游》诗一首："乔岩簇冷烟，幽径上寒天。下瞰峨眉岭，上窥华岳巅。驱驰非取乐，按幸为忧边。此去如登陟，歌楼路几千。"

邓小平、陈毅、张爱萍等都曾到访梓潼，张爱萍将军还为梓潼七曲山大庙题字作诗，诗人贺敬之专为梓潼题写的诗赋词就达十余首。文昌文化日益繁荣，目前，文昌文化研究已在海内外兴起，梓潼曾连续多年举办海峡两岸文昌文化研讨会，进一步提高了梓潼的知名度，带动了旅游业的发展。台湾各地文昌宫每年都要到梓潼寻根祭祀，特别是每年春秋两季的文昌庙会期间，海内外游人蜂拥而至，七曲山大庙游客如潮。

旅游产业蓬勃发展

以"亲近古柏、拥抱健康""魁星点斗、金榜题名"为主题的文昌文化及休闲祈福旅游，以中国两弹城为核心的红色旅游和四川省六条精品旅游线路之一的（梓潼）三国文化旅游，吸引了无数南来北往的游客。南线以成都、德阳、绵阳方向游客为主要客源，东线以重庆、遂宁方向游客为主要客源，北线以西安、汉中方向游客为主要客源。

截至 2013 年，全县拥有旅游景区（点）2 个，其中国家 AAAA 级景区 1 个，省级爱国主义教育基地 1 个；拥有星级饭店 3 家，旅行社 4 家，规模在 50 床以上的各类宾馆饭店、会议培训中心 120 余家；拥有茶楼、美食、保健等休闲娱乐场所 500 余处，三星级农家乐 10 个。全县可同时接待游客住宿 6000 人，旅游从业人员 12000 余人。旅游业已成为梓潼重点产业之一，年接待游客 300 万人次以上，旅游综合收入以年均 30% 左右的速度快速增长。

2　国家水稻制种基地

梓潼地处川西北边缘浅丘地带，潼江河由北向南纵贯全境，武都引水一、二期工程遍布全县绝大部分乡镇，水源充足，灌溉方便，而且降水较充沛。1975 年，梓潼开始发展杂交水稻制种，经过近 40 年的发展，水稻制种产业已成为本地农民致富增收的支柱产业之一。

1989 年，梓潼县被农业部授予"国家级杂交水稻制种县基地"；2009 年，被省农业厅命名为"四川省优势特色效益农业基地——杂交水稻制种基地县"；2011 年 11 月，被省农业厅、省商务厅、省进出口检验检疫局首批命名为"出口杂交水稻生产基地县"。

水稻制种飞行器授粉

2011年，四川省内外12家制种企业在梓潼县24个乡镇发展水稻制种5.1万亩，生产杂交水稻种子1020万公斤，总产值达12240万元。梓潼县成为全国最大的水稻制种基地县之一。2012年，全县发展水稻制种5.1万亩，规模仍居全省第一位。四川省现代种业提升工程（2012~2014）分别在卧龙镇、长卿镇和石牛镇等地实施，项目资金300万元。全县成立了3个水稻制种专业合作社，其中"梓潼县福农水稻制种专业合作社"成员近万名。

3 全国食品工业强县

俗话说：民以食为天。绿色食品乃人民健康体魄的基础。梓潼县把发展食品工业作为工业强县优先项目之一。

食品生产和加工是梓潼传统的优势项目。2007~2008年、2010~2011年梓潼县先后两次被中国食品工业协会命名为"全国食品工业强县"。

梓潼县以长林公司为依托，以肉类食品综合加工、出口为主，大力发展肉类食品业。长林公司产品远销俄罗斯、乌克兰、朝鲜、韩国、中国香港等多个国家和地区，是国家指定的国家储备肉定点加工厂。目前梓潼正在经济开发区建设按出口欧盟标准设计的"肉类综合加工"项目，同时，与该项目配套的梓潼县玛瑙镇、仙峰乡、小垭乡等地年产20万头优质肉猪的生产基地正在规划实施。

梓潼县以四川圣迪乐村集团和将台酒业公司为依托，大力发展蛋品加工、酒类和饮料业。圣迪乐村集团目前已经发展成为国内规模最大、销量第一、产业链最完整的蛋品领军企业。

梓潼县还以大平油脂、陈家河米业、金惠米业为龙头，大力发展菜油、大米加工业；以奇恒食品、花果山食品为依托，大力发展蔬菜、薯类加工业。目前梓潼正着力打造传统"名、特、优"名牌产品和著名商标品牌，努力实现年产值 60 亿元以上，规模企业达 41 户以上。梓潼食品工业一步一个台阶，再铸新的辉煌。

4　山水宜居新县城

2008 年 10 月，在汶川震后恢复重建中，梓潼县委、县政府坚持山、水、城、人、文合一的理念，按照产城一体、景城一体发展要求，大力推进城市化进程：改造提升老城区，建设城东、城北新区，打造清爽精致的城市核心区；向南推进产城一体建设，累计征用土地 2292 亩，建设标准厂房 1.79 万平方米，引进规模企业，倾力打造以农产品精深加工为特色的百亿元产值省级经济开发区；向北推进景城一体发展，不断完善旅游基础配套设施，大力提升七曲山风景区品质，着力打造全国知名的文昌圣地和四川省著名的休闲旅游度假地。

梓潼县委、县政府投入 5.8 亿元完成了河堤路、金牛路、崇文街、中心路改造提升工程，建设了魁星大桥、宏德大桥、潼江河堤、潼江闸坝等重点工程；引资 10 亿元开发建设阳光水岸、梓城国际等商住小区 25 个，大大提升了城市宜居度。在加强基础设施建设的同时，梓潼加强城市管理，开展环境卫生专项治理，打造洁净潼城；开展交通秩序专项治理，打造有序潼城；开展经营场所专项治理，打造诚信潼城；开展公共服务专项治理，打造廉洁潼城；开展社区（小区）专项治理，打造便民潼城。

2011 年，梓潼县委、县政府提出构建开放、宜居、文明、幸福梓潼的奋斗目标，着力创建文明城市，党员干部、热心市民、学校师生等，深入大街小巷、居民住户开展文明宣传、进行文明劝导，广大群众积极参与文明城市创建活动。同时，梓潼县投巨资实施道路改造、配套设施、风貌提升、重点地段打造、市场完善五大工程，改造和新建城市道路 40 千米；实施城市绿化工程，新增城区绿化带、绿地草坪 1.7 万平方米，城市绿化覆盖率达到 36.6%。

截至 2013 年，县城规划区面积达到 24 平方千米，城区面积达到 6.3 平方千米，全县城镇化率达到 34%。古老而年轻的潼城，天蓝、地绿、水清、人和，成了美丽的花园、舒适的家园、文明的乐园。

2013 年，梓潼县城被评为四川省文明城市之一。

漫步梓潼县城，林立的高楼、整洁的街道、满眼的翠绿，让人神清气爽、赏心悦目。热情好客的梓潼儿女给人宾至如归的感觉。人们发现，它的巨变不仅仅体现在宽阔的街道、漂亮的住房、现代化的学校和医院上，扑面而来的文明新风更让人印象深刻。

5 美丽新农村

走进宏仁乡现代农场示范区，一座座川西北民居风味的农家楼院取代了昔日低矮的土坯房，3000多亩葡萄、有机蜜柚、黄金梨、水蜜桃一眼望不到边，依江而建的农家乐成了城里人休闲的好去处。

宏仁现代农业产业示范区是梓潼县新农村建设的一个缩影。

金宝村

在新农村建设中，梓潼以"业兴、家富、人和、村美"宗旨，在亮点打造上下功夫，整合涉农项目、资金，加快宏仁乡金宝村、石牛镇雁门村美丽新村建设。宏仁现代农业产业示范区围绕"生态、休闲、精品"的现代农场定位，整合涉农项目12个，总投资8650万元，跟进土地流转、项目投入、基础配套、招商引资等服务，促进各类资源要素向示范区集中，形成了业主带动，县、乡、村、农户联动机制，建成了"果蔬与休闲"结合的立体现代农场示范区。紧紧抓住邻江、邻城、邻景区优势，强化休闲服务功能，发展城市延展生活圈，打造乡土与异域、农村与景区和谐相融的新胜景，引领休闲新风尚。梓潼已建成休闲庄园 1 个，农家乐 3 家，热带风情植物园 350 亩，垂钓、采摘体验区 5 处，实现农民人均纯收入 1.1 万元，远远高于全县平均水平。2013 年宏仁乡金宝村荣获"绵阳十大最美乡村"称号。

在新农村建设中，梓潼县综合考虑全县基础设施、区位优势、产业现状等因素，将文昌镇、长卿镇、东石乡、石牛镇、宏仁乡、豢龙乡 6 个乡镇的 26 个行政村确定为全县的新农村建设示范片，总面积 100 平方千米，进一步完善《梓潼县文昌新农村建设示范片总体规划》《梓潼县文昌新农村建设示范片基础设施建设规划》《梓潼县文昌新农村建设示范片产业发展规划》，将蔬菜种植确立为主导产业，畜禽养殖和水（干）果、乡村旅游为配套产业。2013 年，全县实现了 100% 的乡镇、90% 的村通水泥路。新村聚居点累计达 270 个。梓潼新农村建设日新月异，正谱写城乡共同发展新篇章。

后 记

2014年3月初，应中国社会科学院《中国史话》编辑委员会、社会科学文献出版社之邀，梓潼县委、县政府经研究，决定组织编纂《梓潼史话》，同时，成立本书编辑委员会，明确由县委常委、宣传部长杨飞涛，副县长杨世茹牵头负责，县地方志办公室具体组织实施。

经过全面梳理、反复推敲，《梓潼史话》编写纲目初步形成，并聘请退休干部陈友学、裴盛厚、敬永金、周朝海，县政协文史委主任尹安国，县委党校纪检员刘文，县文物管理所所长吴小龙，县委宣传部干部王先顺等为本书撰稿者。

5月27日，梓潼县召开《梓潼史话》（总纂初稿）评读会，聘请退休干部刘元富、刘汉朝作为《梓潼史话》"第一读者"，阅读并提出修改意见，同时，梓潼县摄影协会组织敬志国、陈光明、耿薰、肖映才、何燕、王彬、王远金、王道光、潘丽、张纬拍摄并提供相关图片。

9月25日，梓潼县召开《梓潼史话》（送审稿）评审会，稿件获得一致通过。

把梓潼悠久的历史文化系统梳理、编印成册，供人们阅览，一直以来是梓潼文人志士们的夙愿。《梓潼史话》的编纂、出版和发行，为继承和弘扬地方历史文化做出了积极的贡献。

在本书编写过程中，社会各界和广大干部群众给予了高度的关注，县政协文史委、县社科联、县文联、县摄影协会等给予了积极的支持，在此，对他们的关心和支持表示衷心的感谢！

《梓潼史话》编辑委员会

图书在版编目（CIP）数据

梓潼史话/梓潼县地方志办公室编著. —北京：社会
科学文献出版社，2015.3
（中国史话）
ISBN 978 – 7 – 5097 – 6896 – 9

Ⅰ.①梓…　Ⅱ.①梓…　Ⅲ.①梓潼县 – 地方史
Ⅳ.①K297.14

中国版本图书馆 CIP 数据核字（2014）第 289482 号

"十二五"国家重点图书出版规划项目

中国史话·社会系列
梓潼史话

编　著/梓潼县地方志办公室

出　版　人/谢寿光
项目统筹/宋月华　谢　安　　责任编辑/王玉霞

出　　版/社会科学文献出版社·史话编辑部（010）59367215
　　　　　地址：北京市北三环中路甲 29 号院华龙大厦　邮编：100029
　　　　　网址：www. ssap. com. cn
发　　行/定制出版中心（010）59366509　59366498
　　　　　市场营销中心（010）59367081　59367090
　　　　　读者服务中心（010）59367028

印　　装/三河市尚艺印装有限公司
规　　格/开本：889mm × 1194mm　1/32
　　　　　印张：5　插页：0.25　字数：100 千字
版　　次/2015 年 3 月第 1 版　2015 年 3 月第 1 次印刷
书　　号/ISBN 978 – 7 – 5097 – 6896 – 9
定　　价/25.00 元